DIRECTION GÉNÉRALE

DES CONTRIBUTIONS INDIRECTES

CIRCULAIRE N° 532, DU 20 JUILLET 1903

2e DIVISION — 2e BUREAU

NOUVEAU RÉGIME

DES SUCRES

SUCRES.

CIRCULAIRE N° 532, DU 20 JUILLET 1903.

TABLE DES MATIÈRES.

ANNEXES.

SUCRES.

CIRCULAIRE N° 532, DU 20 JUILLET 1903.

Convention sucrière de Bruxelles.

Les négociations internationales qui se poursuivaient, depuis plusieurs années, en vue de l'abolition des primes sucrières, ont abouti à la conclusion d'une convention qui a été signée, à Bruxelles, le 5 mars 1902, par les représentants de l'Allemagne, de l'Autriche-Hongrie, de la Belgique, de l'Espagne, de la France, de la Grande-Bretagne, de l'Italie, des Pays Bas et de la Suède.

Cette convention a pour but principal, d'une part, d'aider au développement de la consommation du sucre, d'autre part, d'égaliser, sur les marchés tiers, les conditions de la concurrence entre les sucres de betterave et les sucres de canne des différentes provenances. A cet effet, elle dispose que les États contractants doivent admettre au taux le plus réduit de leur tarif d'importation les sucres originaires des pays signataires et de leurs colonies ou possessions qui n'accordent pas de primes, et prendre, en outre, des mesures pour écarter de leur marché intérieur les sucres des États qui continueraient à allouer des primes.

La réalisation des principes posés par la Convention est assurée par un ensemble de dispositions dont les plus essentielles sont :

1° L'engagement de supprimer, partout où ils ont été établis, les avantages directs ou indirects accordés à la production ou à l'exportation des sucres, et de n'en pas concéder ultérieurement de nouveaux;

2° L'obligation de soumettre la fabrication et le raffinage du sucre à un régime ne donnant ouverture à aucune bonification de rendement pouvant échapper à l'impôt;

3° La limitation de la surtaxe douanière, c'est-à-dire de l'écart entre le taux des droits ou taxes dont sont passibles les sucres étrangers lors de leur importation, et celui des droits ou taxes auxquels sont soumis les sucres nationaux. Cet écart ne peut excéder : 6 francs (1) par 100 kilogrammes, pour le sucre raffiné et les sucres assimilables au raffiné (sucres cristallisés blancs), et 5 fr. 50 (1), par 100 kilogrammes, pour les autres sucres ;

4° L'engagement de frapper d'un droit compensateur ou de prohibition absolue les sucres provenant de pays qui accorderaient des primes.

En résumé, la Convention de Bruxelles a pour objet de faire disparaître les artifices de législation qui, tout en provoquant un abaissement exceptionnel des prix du sucre sur les grands marchés de consommation, se traduisaient par un renchérissement de la marchandise dans les pays de production.

Une Commission permanente, composée de représentants des divers pays signataires, est instituée à Bruxelles ; elle est chargée de surveiller l'exécution des stipulations contenues dans la Convention.

Économie générale du nouveau régime.

La mise en application de ces stipulations entraîne des remaniements profonds dans la législation fiscale de la plupart des États producteurs de sucre qui ont signé l'accord du 5 mars 1902.

En ce qui concerne la France, il a paru que le moyen le plus pratique de satisfaire au programme tracé par la Conférence de Bruxelles était de revenir purement et simplement au régime qui a fonctionné durant les campagnes écoulées de 1880-1881 à 1884-1885 et qui, s'inspirant de vues exclusivement fiscales, ne comportait l'allocation d'aucun de ces avantages directs ou indirects, d'aucune de ces primes ouvertes ou déguisées que la Convention a entendu proscrire.

Les principes essentiels de la nouvelle législation sucrière applicable à partir du 1er septembre prochain se trouvent formulés dans la loi du 28 janvier 1903, complétée par quelques dispositions insérées dans la loi de finances du 31 mars suivant (art. 32 à 35). Le texte de

(1) Ces taux peuvent être relevés, dans la limite de un franc et pour un temps déterminé, sur avis conforme de la Commission permanente prévue par l'article 7 de la Convention, dans le cas où le marché d'un État contractant serait envahi par les sucres d'un autre État contractant : le relèvement ne serait applicable qu'aux sucres originaires de ce dernier État.

la loi et des articles précités, ainsi que celui de la Convention du 5 mars 1902, sont reproduits à la suite de la présente circulaire.

Le nouveau régime trouve sa caractéristique dans l'établissement de l'impôt à l'effectif avec tarif unique sur les sucres livrés à la consommation. Le taux de cet impôt a été fixé à 25 francs par 100 kilogrammes de sucre exprimé en raffiné. A ce droit général vient s'ajouter la taxe de raffinage sur les sucres qui, introduits en raffinerie, sont affectés à la consommation intérieure et présumés devoir être livrés au commerce à l'état de raffinés; cette taxe a été réduite de 4 francs à 2 francs par 100 kilogrammes. Les sucres candis seront imposés sur la base de 107 kilogrammes de raffiné par 100 kilogrammes de candi, c'est-à-dire à raison de 26 fr. 75 par 100 kilogrammes, poids effectif.

Les nouveaux tarifs constituent, par rapport aux fixations actuellement en vigueur (60 fr. + 4 fr.), un important dégrèvement. La réforme de notre régime sucrier apporte ainsi au consommateur un allègement sensible des charges qu'il supporte aujourd'hui, elle lui fournira la possibilité d'accroître son bien-être en lui permettant d'user plus largement d'une denrée dont la valeur alimentaire est incontestable, elle se traduira vraisemblablement, dès lors, par un élargissement notable des débouchés offerts à notre industrie sucrière sur le marché national.

D'autre part, l'article 4 de la loi contient une disposition qui paraît de nature à favoriser également l'écoulement de notre production; elle consiste à autoriser le travail en entrepôt pour la préparation, en vue de l'exportation, des confitures, fruits confits, bonbons, lait condensé et autres produits à base de sucre.

La législation nouvelle comporte l'abrogation des prescriptions qui constituaient l'ensemble du régime institué en 1884 ou qui étaient la conséquence de ce régime. Indépendamment des dispositions de la loi du 29 juillet 1884 et des lois subséquentes qui ont organisé la prise en charge du sucre imposable dans les fabriques, d'après le poids des betteraves mises en œuvre, et qui ont accordé le bénéfice d'une immunité d'impôt aux sucres indigènes ou coloniaux français représentant des excédents de rendement ou des déchets de fabrication, la loi du 28 janvier 1903 abroge formellement :

1° Les articles 2 de la loi du 29 juillet 1884 et 2 de la loi du 5 août 1890, qui concédaient une modération de taxe aux sucres employés au sucrage des vins, cidres et poirés, ainsi que l'article 3 de la loi de finances du 29 décembre 1888, qui a établi, sur le sucre dénaturé en vue du sucrage des vendanges, une indemnité d'exercice de 1 franc par 100 kilogrammes;

2° L'article 7 de la loi du 4 juillet 1887 qui instituait une redevance de 0 fr. 30 par tonne de betteraves mises en œuvre; cette redevance, imposée aux fabricants pour indemniser le Trésor du surcroît de dépense occasionné par la surveillance du pesage des betteraves dans les sucreries et dans les râperies annexes, doit disparaître avec l'impôt sur la matière première;

3° L'article 1er de la loi du 7 avril 1897 qui a créé des primes directes à l'exportation du sucre;

4° Le droit de fabrication de 1 franc par 100 kilogrammes établi, en 1897 (art. 4 de la loi du 7 avril), sur les sucres bruts n'allant pas en raffinerie.

La même loi maintient, au contraire, toutes les dispositions en vigueur, en ce qui touche le mode d'imposition des sucres bruts d'après les méthodes saccharimétriques, et les dispositions des lois des 5 août 1890 et 26 juillet 1893 concernant l'exercice des raffineries.

Elle maintient également, mais en en modifiant les bases d'allocation, les détaxes de distance instituées, par les articles 2 et 3 de la loi du 7 avril 1897, en faveur : 1° des sucres coloniaux français importés dans la métropole et 2° des sucres indigènes dirigés, sous certaines conditions de distance et de transport, sur les raffineries des ports de l'Atlantique et de la Méditerranée, ainsi que sur les établissements similaires de l'intérieur, pour y être mis en œuvre.

Notre tarif douanier est revisé dans un sens conforme aux stipulations de la Convention de Bruxelles : les surtaxes de douane applicables aux sucres étrangers de toute origine sont fixées aux taux maxima prévus par la Convention, soit 6 francs par 100 kilogrammes, poids effectif, pour les sucres raffinés et les sucres bruts d'un titrage de 98 o/o au moins, et 5 fr. 50 par 100 kilogrammes, poids effectif, pour les autres sucres. Sont, au contraire, maintenues à leurs taux actuels, les surtaxes de douane édictées : par l'article 5 de la loi du 7 avril 1897, sur les mélasses autres que pour la distillation; par la loi du 24 février 1900, sur les chocolats; et, par l'article 1er de la loi du 14 juillet 1897, sur les mélasses importées en vue de la distillation; les mélasses étrangères continuent à jouir du bénéfice de l'admission temporaire, dans les conditions prévues par l'article 13 de la loi de douanes du 11 janvier 1892.

Le tarif intérieur et les surtaxes de douane sur le sucre sont rendues applicables à la Corse. Le lait concentré et divers autres produits à base de sucre acquitteront désormais dans l'île les mêmes droits que dans la France continentale.

Les facilités accordées par la loi du 14 juillet 1897 pour l'utilisation des mélasses en agriculture sont maintenues; aux termes de l'article 1er, dernier §, de la loi du 28 janvier, l'emploi en franchise des mélasses épuisées n'ayant pas plus de 50 o/o de richesse saccharine absolue est autorisé pour les usages agricoles.

Corrélativement à la réduction du droit sur le sucre, le tarif des glucoses est abaissé à 5 fr. 60 par 100 kilogrammes, poids effectif.

Enfin, tout en conservant les bases admises par la loi du 29 décembre 1900, art. 16, pour la détermination des quantités pouvant être employées à la préparation des vins de sucre, la loi du 28 janvier modifie la réglementation relative aux opérations de sucrage. Elle exige une déclaration préalable de quiconque veut, soit ajouter du sucre à la vendange, soit se livrer à la fabrication de vin de sucre pour sa consommation familiale; elle astreint également à une déclaration et à des justifications d'emploi toute personne qui, en même temps que des vendanges, moûts ou marcs de raisins, désire avoir en sa possession une quantité de sucre supérieure à 50 kilogrammes; elle charge le service des Contributions indirectes de contrôler l'exactitude des déclarations dont il s'agit. D'autre part, aux termes de l'art. 32 de la loi de finances, l'emploi de glucose dans la vinification est interdit; les dispositions concernant la détention du sucre sont applicables à la détention de glucose; la fabrication, la circulation et la détention de vins glucosés donnent lieu à l'application des peines afférentes à la fabrication, à la circulation et à la détention des vins de sucre en vue de la vente.

Les prescriptions relatives à l'emploi du sucre et du glucose à la vinification feront l'objet d'une instruction spéciale.

Dans la première partie de la présente circulaire le service trouvera les règles à suivre pour la mise à exécution des dispositions qui constituent le nouveau régime sucrier et qui doivent recevoir leur application à partir du 1er septembre prochain. Une deuxième et dernière partie sera consacrée aux mesures transitoires, c'est-à-dire à celles ayant trait à la liquidation du régime actuel.

TITRE PREMIER.

INSTRUCTIONS RELATIVES À L'APPLICATION DU NOUVEAU RÉGIME.

CHAPITRE PREMIER.

EXERCICE DES FABRIQUES DE SUCRE.

I. — Prise en charge. — Minimum de rendement. — Reconnaissance du volume et de la densité des jus avant la défécation.

1° *Fabriques simples.*

Sous le régime qui va prendre fin, la surveillance du service a pour objet de constater, d'une part, la quantité de sucre correspondant, d'après un rendement légal, au poids des betteraves mises en œuvre, d'autre part, les quantités obtenues en sus de ce rendement légal. Il est ainsi procédé à une double constatation permettant de répartir la production effective en sucre passible du droit plein et en sucre passible du droit réduit à titre d'excédent de rendement. A partir du 1er septembre prochain, tous les sucres seront imposés au droit unique de 25 francs. Dès lors, il ne sera plus utile de surveiller la pesée de la matière première. Le contrôle ne commencera à s'exercer qu'à partir du moment où les jus seront extraits des appareils de diffusion pour entrer dans la fabrication proprement dite. Le service n'aura plus, en conséquence, à assurer la permanence dans l'atelier d'alimentation du coupe-racines et le fabricant cessera de déclarer le chargement de ses diffuseurs. Devenus sans objet, les modèles actuels nos 2 A (registre d'inscription des pesées de betteraves), 2 B (registre de diffusion), 3 A (feuille de contrôle du pesage des betteraves) et 10 (état de contrôle) sont supprimés.

La loi du 28 janvier 1903, art. 5, assoit la prise en charge légale, non plus sur le poids des betteraves, mais sur le volume et la densité des jus soumis à la défécation ; elle la fixe à 1,500 grammes de sucre, exprimé en raffiné, par hectolitre de jus et par degré de densité au-dessus de 100 (densité de l'eau); elle fait revivre, à cet égard, la disposition qui fait l'objet de l'article 7 de la loi du 31 mai 1846. Cet article stipule que la densité des jus sera reconnue avant la défécation et que le volume en sera évalué d'après la contenance des chaudières, déduction faite de 10 p. 100. Les prescriptions destinées à assurer l'exécution de cette disposition sont contenues dans les articles 7, 8 et 9 du décret du 1er septembre 1852. Le fabricant est tenu de déclarer ses opérations de défécation, au fur et à mesure qu'elles s'effectueront. A cet effet, un registre n° 2 (1) (modèle nouveau) lui sera fourni gratuitement après avoir été coté et paraphé par le contrôleur spécial ou, à son défaut, par le chef de service attaché à l'établissement.

Sur ce registre qui sera placé dans la partie de l'usine où se trouvent les chaudières de défécation et qui devra être représenté à toute réquisition, l'industriel inscrira sans interruption ni lacune :

1° A l'instant même où le jus commence à couler dans chaque chaudière de première carbonatation, le numéro de cette chaudière, la date et l'heure du commencement de l'opération;

2° A la fin de la défécation, l'heure à laquelle elle aura été terminée.

L'Administration ne juge pas indispensable d'établir une permanence à l'atelier d'épuration des jus. Le service se bornera à s'assurer, par intermittence, que toutes les opérations de défécation sont régulièrement inscrites au registre n° 2, au moment même où chacune des chaudières entre en chargement; il procèdera, chaque jour, par épreuve, à un certain nombre de reconnaissances de densité qui lui permettront d'établir une densité moyenne, laquelle, appliquée à la totalité des jus soumis à la défécation pendant la journée, servira de base à la prise en charge.

L'article 7 de la loi du 31 mai 1846 dispose que la densité des jus sera reconnue à la température de 15° centigrades et que les fractions au-dessous d'un dixième de degré seront négligées à la lecture des indications du densimètre. En conséquence, le service plongera l'éprouvette contenant le jus à essayer dans un seau d'eau pour en

(1) C'est sur ce registre que seront apposés les visas des chefs de poste et des vérificateurs, au moment de leur intervention dans l'usine.

amener le refroidissement et ne relèvera les degrés et les dixièmes de degré accusés par le densimètre qu'au moment même où le thermomètre placé dans l'éprouvette indiquera que la température du liquide est exactement descendue à 15°. La méthode opératoire pour l'essai des jus de sucrerie étant absolument identique à celle utilisée en brasserie pour la reconnaissance de la densité des moûts, il parait superflu de la décrire ici ; les employés des sucres consulteront utilement les instructions détaillées données, à cet égard, par la circulaire n° 340, du 31 mai 1899 (pages 25 à 28). Ils procèderont à des essais aussi fréquemment que le leur permettront les nécessités de la surveillance à exercer aux turbines en activité et au magasin lorsqu'il est ouvert. Les vérificateurs auront à diriger le plus souvent possible les reconnaissances de l'espèce, tant en vue de s'assurer que les employés opèrent avec tout le soin désirable que pour rechercher si les constatations antérieures ont été faites avec une entière précision. Dans une fabrication normalement conduite, la densité des jus est réglée à un degré uniforme ; tout écart de plusieurs dixièmes entre le résultat de deux épreuves successives serait l'indice que l'une ou l'autre a laissé à désirer sous le rapport de l'exactitude.

Les essais seront faits avant que la chaux soit versée dans la chaudière de défécation et préalablement à tout mélange d'autres matières. S'il est ajouté au jus des sucres imparfaits, des sirops ou des mélasses, le service en vérifiera le volume ; le résultat de cette constatation, ainsi que la densité du jus reconnue seront mentionnés, après chaque opération, dans un acte établi au registre n° 2, en regard de la déclaration de chargement faite par l'industriel.

Chaque jour, à minuit, le registre n° 2 sera arrêté (1) par l'employé de

---

(1) L'arrêté journalier sera dressé, sur le registre n° 2, dans la forme suivante :

	NOMBRE DE CASES		
	EMPLOYÉES.	ANNULÉES.	TOTAL.
Journée du..............................	40	3	43
Antérieurs..............................	310	28	338
Campagne..............................	350	31	381

Arrêté à quarante le nombre de défécations faites dans la journée du....

Signature de l'Employé.

surveillance dans la fabrique, et les quantités de jus soumises à la défécation seront reportées au compte général de fabrication (dont il sera parlé plus loin), après déduction, s'il y a lieu, du volume des sucres imparfaits, sirops et mélasses qui y auront été incorporés.

Telles sont, en ce qui concerne la détermination du volume des jus, les dispositions applicables aux usines qui utilisent les procédés ordinaires de défécation.

L'article 9 du décret du 1er septembre 1852 prévoyait que certains établissements feraient exception à la règle. Dans ces fabriques, c'est-à-dire dans celles où le dixième (10 p. 0/0) de la capacité brute des chaudières sera insuffisant pour recevoir le lait de chaux et pour laisser un libre jeu à l'émulsion qui se manifeste dans le liquide, les bases normales de la prise en charge, en ce qui concerne le volume des jus, pourront être modifiées en vertu de décisions administratives. Aux termes de l'article précité, ces décisions ne sont valables que pour la durée d'une campagne, elles sont révocables en cas de fraude dûment constatée. L'administration délègue aux directeurs le soin de prendre les décisions de l'espèce. Toutefois, les dérogations aux prescriptions de l'article 7 de la loi du 31 mai 1846 ne devront être autorisées que sous réserve de l'observation des conditions ci-après :

1° La prise en charge minima sera calculée d'après le volume des jus réellement introduits dans les chaudières à déféquer ou dans les vaisseaux qui en tiennent lieu ;

2° La contenance imposable de ces chaudières ou vaisseaux sera déterminée par un robinet de jauge délimitant la partie des récipients réservée tant pour le jeu de l'émulsion que pour contenir les écumes et parfois le lait de chaux ajouté, et séparant nettement cette partie de celle appelée à recevoir, soit les jus non chaulés si le dosage du lait de chaux se fait dans les chaudières, soit les jus préalablement chaulés si, ainsi qu'il est de pratique courante, le lait de chaux est incorporé aux jus avant l'introduction du liquide dans les appareils à déféquer ;

3° Dans ce dernier cas, les quantités de lait de chaux incorporées au jus seront déclarées par l'industriel et reconnues, par épreuve, par les employés, pour être déduites du volume que représente la capacité imposable des chaudières.

Afin de bien fixer les idées à cet égard, il paraît utile de présenter, dans le tableau ci-après et de préciser par un exemple, les différentes méthodes de détermination du volume des jus qui seront appliquées dans les trois cas envisagés ci-dessus (1° régime défini par l'article 7 de la loi du 31 mai 1846 : contenance des chaudières de défécation, avec déduction de 10 p. 0/0; 2° régime des décisions administratives : contenance utilisable de la chaudière limitée par un robinet de jauge, lait de chaux incorporé aux jus dans la chaudière; 3° régime des décisions administratives : capacité utilisable limitée par un robinet de jauge; lait de chaux incorporé aux jus avant l'introduction en chaudière.)

NUMÉRO des DÉCLARATIONS au registre n° 2.	NUMÉRO ET CAPACITÉ IMPOSABLE des chaudières de défécation.			A DÉDUIRE :		VOLUME NET du jus à prendre en charge.
	1.	2.	3.	VOLUME des sucres imparfaits, sirops et mélasses ajoutés à chaque défécation.	VOLUME du lait de chaux ajouté à chaque défécation.	
1° Régime de l'article 7 de la loi du 31 mai 1846. (Capacité brute de chaque chaudière : 25 hectolitres.)						
40	22h 50 (1)	"	"	1h 50	"	21h
41	"	22h 50 (1)	"	1 50	"	21
42	"	"	22h 50 (1)	1 50	"	21
43	22 50 (1)	"	"	1 50	"	21
44	"	22 50 (1)	"	1 50	"	21
2° Régime des décisions administratives. (Capacité brute de chaque chaudière : 25 hectolitres. Capacité utilisable limitée par un robinet de jauge : 21 hectolitres. Lait de chaux incorporé aux jus dans les chaudières.)						
40	21h	"	"	1h 50	"	19h 50
41	"	21h	"	1 50	"	19 50
42	"	"	21h	1 50	"	19 50
43	21	"	"	1 50	"	19 50
44	"	21	"	1 50	"	19 50
3° Régime des décisions administratives. (Capacité brute de chaque chaudière : 25 hectolitres. Capacité utilisable limitée par un robinet de jauge : 21 hectolitres. Lait de chaux incorporé aux jus avant leur introduction en chaudière.)						
40	21h	"	"	1h 50	0h 52	18h 98
41	"	21h	"	1 50	0 52	18 98
42	"	"	21h	1 50	0 52	18 98
43	21	"	"	1 50	0 52	18 98
44	"	21	"	1 50	0 52	18 98

(1) Les neuf dixièmes de 25 hectolitres représentent 22 hect. 50.

Quelques usines utilisent le procédé dit de la carbonatation continue. Dans ce système, une seule chaudière est employée à la défécation; elle se charge et se décharge sans discontinuité. Ici la reconnaissance du volume des jus ne peut avoir lieu dans l'appareil à carbonater; elle s'effectuera dans des bacs jaugeurs disposés spécialement pour recevoir les jus à leur sortie des diffuseurs. La capacité imposable de ces bacs sera, ainsi qu'il vient d'être dit pour les procédés particuliers visés par l'article 9 du décret du 1er septembre 1852, délimitée par un robinet de jauge. Ces récipients seront considérés comme représentant les chaudières à déféquer; leur chargement fera l'objet d'une déclaration au registre n° 2 et la prise en charge sera calculée dans les conditions spécifiées à l'exemple n° 2 du tableau ci-dessus.

La reconnaissance du volume des jus soumis à la défécation constitue l'un des deux éléments de la prise en charge; le deuxième élément est la densité moyenne de ces mêmes jus. Pour établir cette moyenne, il suffira, ainsi que l'indique l'exemple reproduit ci-après, de diviser le total des densités successivement reconnues dans le cours de chaque journée (de minuit à minuit) par le nombre des essais auxquels il aura été procédé pendant cette période. Dans le calcul, on négligera, bien entendu, les fractions de centième de degré.

ÉTABLISSEMENT DE LA DENSITÉ MOYENNE POUR UNE JOURNÉE.

NUMÉROS DES DÉCLARATIONS au registre n° 2 afférentes à des jus sur lesquels il a été procédé à des essais.	DENSITÉS RECONNUES.	OBSERVATIONS. (Calcul de la densité moyenne.)
7	4° 2	Somme des densités . . . . 25° 00
15	4 1	Nombre des essais 6
26	4 3	Densité moyenne : $\left(\frac{25^\circ}{6} = 4^\circ 1666\right)$ 4° 16
28	4 1	
33	4 2	
47	4 1	
TOTAL : 6 essais pour 25° 0		

A la fin de chaque journée le service relèvera, sur une feuille n° 3 (modèle nouveau), le détail des déclarations et des vérifications enregistrées de minuit à minuit au registre n° 2. La récapitulation de cette feuille permettra de déterminer, d'une part, le volume et, d'autre part, la densité moyenne des jus soumis à la défécation, elle fournira ainsi les divers éléments nécessaires pour effectuer quotidiennement la prise en charge au compte de fabrication.

Le service classera avec soin les feuilles journalières n° 3. Les vérificateurs se feront représenter ces documents et les rapprocheront des déclarations et des actes inscrits au registre n° 2, ainsi que des prises en charge effectuées, à la fin de chaque journée, au compte de fabrication, afin de s'assurer que ces prises en charge ont été régulièrement opérées.

La quantité de sucre à prendre journellement en charge, à titre de minimum de rendement, par application de l'article 5 de la loi du 28 janvier 1903, sera calculée en multipliant par 1,500 grammes le nombre de degrés hectolitres que représentent les jus dont le volume et la densité moyenne ont été relevés à la feuille n° 3. On comptera pour un kilogramme de sucre raffiné les fractions de cinq dixièmes et au-dessus que fera apparaître cette opération; les fractions inférieures à cinq dixièmes seront négligées. Soit, par exemple, 652 hectolitres de jus à la densité moyenne de 4° 17, soumis à la défécation, dans la journée. Ces jus représentent

$$652 \times 4,17 = 2,718^{dh} 84$$

ils doivent donner ouverture à une prise en charge de :

$$(1^{k}500 \times 2,718^{dh}84 = 4,078^{k}26) \ 4,078 \text{ kilogrammes.}$$

C'est cette quantité qu'il y aurait lieu d'inscrire au compte de fabrication.

2° *Râperies annexées à des usines centrales.*

Un certain nombre d'usines tirent les jus de betteraves qu'elles mettent en œuvre et qui y sont amenés à l'aide de canalisations souterraines, de râperies annexes situées à une certaine distance de l'établissement principal.

L'Administration aurait pu, à l'origine, proscrire ces installations. L'article 2 du décret du 1er septembre 1852 lui donne, en effet, la faculté d'exiger que la fabrique et ses dépendances n'aient qu'une entrée habituellement ouverte et soient, par conséquent, placées dans la même enceinte. Elle n'a pas cru devoir exiger la stricte observation de cette disposition et entraver ainsi la création d'usines centrales allant chercher, dans des rayons de culture parfois éloignés, non plus la betterave elle-même, mais le jus extrait de cette racine.

Mais cette concession n'a été faite que sous condition que les intéressés donneraient leur assentiment à une modification de la méthode ordinaire de reconnaissance de la densité des jus. Ceux-ci sont additionnés de lait de chaux à la râperie et ce n'est que lorsque, parvenus à l'usine centrale, ils sont introduits dans les vaisseaux où est effectuée la première carbonatation, qu'il est possible d'en déterminer, avec une précision satisfaisante, le volume et la densité.

En conséquence, avant 1884, les râperies annexes n'ont été soumises qu'à l'exercice intermittent du service; les industriels y déclaraient, sur un registre n° 2, mais seulement pour mémoire, le chargement et le déchargement des vaisseaux dans lesquels les jus sont recueillis pour être additionnés de lait de chaux avant leur déversement dans la canalisation souterraine destinée à les amener jusqu'à l'usine centrale. De temps à autre, le service reconnaissait, également pour mémoire, la densité des jus avant chaulage. A l'usine proprement dite, toutes les opérations de défécation étaient déclarées au registre n° 2, la densité des jus était reconnue avant leur introduction dans les chaudières, mais, pour tenir compte de la présence du lait de chaux dans les jus, on faisait subir aux indications accusées par le densimètre une correction dont le chiffre était arrêté à la suite d'expériences faites contradictoirement par le service et l'industriel. Appliqué pendant une période de longue durée, ce mode d'opérer n'a soulevé aucune difficulté ni donné lieu à aucun mécompte; il convient, dès lors, de l'adopter à nouveau, pour l'avenir.

La permanence établie, sous le régime actuel, à la pesée des betteraves n'ayant plus sa raison d'être avec le nouveau mode d'imposition, les râperies annexes seront soumises à de simples visites intermittentes. Sur un registre n° 2 mis à sa disposition, l'industriel déclarera le chargement et le déchargement des vaisseaux où les jus seront introduits pour être chaulés. Les employés attachés à l'usine centrale et les vérificateurs feront, dans les râperies, quelques apparitions, en vue de s'assurer que les déclarations sont enregistrées régulièrement au modèle n° 2 et de rechercher si tous les jus obtenus dans les annexes sont réellement dirigés sur la sucrerie. Par suite de l'adoption de ce mode de surveillance, le bureau que les fabricants étaient tenus de mettre à la disposition du service dans les râperies, en exécution de l'article 16 du décret du 25 août 1887, devient inutile. Le prix de location des bureaux de l'espèce cessera, dès lors, d'être payé à partir du 1er septembre prochain.

Les constatations opérées dans les râperies ne serviront que d'éléments de contrôle; ce sont celles effectuées dans les usines centrales, qui entreront dans la détermination du chiffre de la prise en charge. Dans ces derniers établissements, les défécations seront déclarées au registre n° 2, qu'elles s'appliquent à des jus obtenus sur place ou tirés des râperies annexes, et le volume de ces jus sera fixé, suivant le cas, d'après la première ou la troisième des méthodes indiquées au tableau (inséré page 12) résumant les différents modes de calcul à employer dans les fabriques simples.

Quant à la densité des jus, elle sera reconnue au moment de leur introduction dans les chaudières de première carbonatation. Mais, pour tenir compte de la présence du lait de chaux préalablement incorporé, on fera subir aux indications du densimètre une correction dont le taux sera réglé de gré à gré entre le service et le fabricant après expériences contradictoires. Ces expériences seront effectuées de la manière suivante : on introduira dans un récipient, lequel sera fourni par l'industriel, 100 litres de jus non chaulé qu'on essaiera à la température de 15° centigrades; on versera ensuite dans ce jus la quantité de lait de chaux normalement employée, par hectolitre, à la défécation; après avoir opéré un mélange intime, on essaiera le liquide au densimètre, toujours à la température de 15° centigrades. La différence entre les deux notations accusées par l'instrument indiquera le taux de la correction à appliquer.

Les expériences dont il s'agit pourront être renouvelées à la demande, soit des employés, soit du contribuable, elles devront autant que possible être dirigées par un employé supérieur. Elles feront l'objet d'un acte au compte de fabrication. Cet acte sera signé par les employés qui auront procédé aux expériences et par l'industriel. En cas de refus opposé par ce dernier, il conviendrait de porter immédiatement le fait à la connaissance de l'Administration.

II. — Cristallisation, refonte, turbinage du sucre. Introduction en magasin.

Sous aucun des nombreux régimes fiscaux qui se sont succédé depuis l'établissement d'un droit de consommation sur les sucres indigènes, il n'a été jugé indispensable d'exercer une surveillance spéciale sur les travaux d'épuration et de concentration des jus. Cette phase intermédiaire de la fabrication se prête peu, d'une part, à l'organisation d'un contrôle efficace et, d'autre part, à des détournements susceptibles de compromettre les intérêts du Trésor. Mais, à partir du moment où les sirops ont été livrés à la cuisson, le produit sucré a toujours été minutieusement suivi. Il n'a jamais cessé d'être maintenu sous la main du service jusqu'au moment où, sous la forme de sucre brut, de sucre raffiné et de mélasses épuisées, il est appelé à alimenter la consommation, après acquittement ou garantie du droit intérieur. Ce système a pleinement suffi jusqu'ici à la sauvegarde de l'impôt; il ne demande à être complété que sur certains points de détail. On pourrait, dès lors, se borner à signaler les modifications à apporter à l'état de choses existant; mais afin de ne pas obliger les employés à effectuer, le cas échéant, des recherches que la multiplicité des instructions administratives rendrait longues et difficiles, il paraît utile de résumer brièvement les conditions dans lesquelles la surveillance doit s'exercer à partir de la mise en cristallisation des sirops.

Avant 1884, les masses cuites étaient prises en charge à un compte auxiliaire dit de cristallisation. La tenue de ce compte a été abandonnée sous le régime de l'impôt basé sur le poids des betteraves mises en œuvre. Néanmoins, toute introduction de masses cuites dans les bacs refroidissoirs ou dans les vaisseaux de cristallisation (art. 13 du décret du 25 août 1887), toute remise en fabrication (art. 17 du décret du 1er septembre 1852), toute épuration par les turbines dans les fabriques abonnées (art. 11 du décret du 31 juillet 1884) ont de tout temps été déclarées par l'industriel et surveillées par le service; en rappprochant les déclarations relatives à la mise en cristallisation (reg. n° 4) ou à la refonte (reg. n° 5) de celles concernant le turbinage (reg. n° 4 A), il a toujours été facile de s'assurer que les masses cuites recensées quotidiennement et prises en compte au carnet n° 17 (situation des vaisseaux) constituaient la balance exacte entre les quantités produites et celles mises en œuvre. Il n'y a donc, à cet égard, aucune modification à apporter aux déclarations actuellement exigées du contribuable, ni aux écritures tenues par le service. Les déclarations d'empli, de refonte et de turbinage continueront d'être enregistrées sur les modèles respectivement affectés à ces opérations (nos 4, 5 et 4 A). Les employés s'assureront de l'exactitude de ces diverses déclarations, recenseront au moins une fois par jour les masses cuites en empli, consigneront au carnet 17 le détail de leurs vérifications et notamment la hauteur du vide reconnu à chaque vaisseau. De leur côté, les vérificateurs auront soin d'établir, à chacune de leurs visites dans l'usine, la situation des bacs en empli.

Avec la législation nouvelle, c'est-à-dire avec le régime de l'impôt à l'effectif, la surveillance des turbines va, comme avant 1884, présenter un intérêt capital. Les garanties offertes par la prise en charge opérée d'après le volume et la densité des jus seraient insuffisantes, si elles n'étaient complétées par une constatation rigoureuse, aux turbines, du produit effectif de la fabrication. En conséquence, la permanence organisée aujourd'hui à l'atelier du pesage des betteraves sera reportée aux turbines; elle devra y être *absolue* pendant tout le temps que ces appareils seront en activité ou que des sucres se trouveront en dépôt dans la salle d'épuration.

Sur un carnet n° 6 spécialement affecté aux constatations faites au cours de la surveillance des travaux d'épuration, l'employé de permanence aux turbines notera, au fur et à mesure, par un trait, chacun des sacs de sucre successivement détachés des appareils. Il les fera peser sous ses yeux avant leur introduction en magasin; il reconnaîtra, par épreuve, la tare effective des sacs, afin de la déduire du poids brut et d'obtenir ainsi le poids net. Il relèvera le détail des pesées au carnet n° 6 et mentionnera, dans un acte établi sur cet imprimé, le poids net de sucre constaté.

C'est aux turbines et au magasin que devront apparaître en premier lieu les chefs de service et les vérificateurs, toutes les fois qu'ils interviendront dans l'usine. Il importe, en effet, de s'assurer que les sacs de sucre en dépôt dans l'atelier d'épuration sont exactement inscrits au carnet n° 6 et que le magasin est surveillé, quand il n'est pas placé sous la clef du service. Ce n'est qu'après avoir fait ces constatations essentielles que les chefs de service et les vérificateurs se rendront dans la partie de l'établissement affectée à la défécation des jus, pour y opérer toutes vérifications utiles et pour attester, par l'apposition d'un visa dans la première case libre au registre n° 2, case qui sera par ce fait annulée, la date et l'heure de leur intervention. Ils auront, en outre, à établir et à vérifier le rendement en sucre par hectolitre de masse cuite pour chaque bac turbiné et à rechercher si des variations inexpliquées dans la richesse apparente des divers produits soumis à l'épuration ne seraient pas l'indice de détournements illicites et de défaillances dans l'exécution du service.

Dès que leur poids aura été reconnu, les sucres extraits des turbines seront déposés dans le local spécialement affecté à leur emmagasinement; toute quantité trouvée en dehors du magasin et de l'atelier d'épuration sera saisie et donnera lieu à la rédaction d'un procès-verbal.

Les introductions en magasin feront l'objet de déclarations de la part de l'industriel; celui-ci inscrira au registre n° 4 A, non seulement le volume et la nature des masses cuites passées à la turbine, mais encore le poids des sucres obtenus et successivement emmagasinés.

Comme par le passé, le local servant de magasin restera placé sous la double clef des agents de la régie et du fabricant; les jours et fenêtres seront garnis d'un treillage à mailles fines. En dehors des opérations d'entrée et de sortie des sucres, ce local ne sera ouvert que pour permettre aux ouvriers de se livrer aux manipulations que doivent subir les produits préalablement à leur expédition; dans ce cas, il devra autant que possible être surveillé sans interruption par un employé.

TRANSPORTEURS AUTOMATIQUES.

Les prescriptions qui précèdent et qui sont relatives à la vérification des sucres extraits des turbines seront observées dans les usines où le sucre est ensaché à la sortie même de la turbine et pesé sous les yeux du service, avant d'être monté au magasin. Mais les nombreux changements apportés à l'installation générale des fabriques ne permettront pas d'opérer, sur tous les points, cette reconnaissance dans les mêmes conditions. En effet, afin de réduire les frais de main-d'œuvre, on a installé, dans la plupart des usines, des transporteurs mécaniques qui, recevant le sucre à la sortie des turbines, le montent et le déversent dans le magasin, au fur et à mesure de son extraction des appareils centrifuges. Afin de ne pas entraver le progrès industriel, l'Administration a précédemment autorisé l'installation de ces transporteurs, sous certaines conditions et notamment sous la réserve que les conduites canalisées dans lesquelles se meuvent les vis d'Archimède, les hélices ou les chaînes à godets destinées à transporter le sucre soient hermétiquement closes, sur tout leur parcours, par des cloisons en planches ou par un treillage en fil de fer.

Sous le régime de l'impôt basé sur le poids de la matière première, la reconnaissance effective des sucres extraits des turbines ne présentait pas le même intérêt qu'aujourd'hui; l'insuffisance des crédits mis à sa disposition ne permettait pas, d'ailleurs, à l'Administration d'organiser une permanence à l'atelier d'épuration. Avec la législation nouvelle, la permanence se trouvant reportée aux turbines, il importe d'assurer, tout en tenant compte des nécessités industrielles et sans imposer à l'Administration les frais d'une double permanence, l'exacte application du principe posé par l'article 14 (remis en vigueur) du décret du 1er septembre 1852, aux termes duquel le sucre obtenu ne pourra être enlevé des turbines qu'après vérification et prise en charge de son poids par le service.

A cet effet, il suffira d'interposer entre le transporteur horizontal qui dessert chaque turbine et l'élévateur qui monte le sucre au magasin un récipient destiné à recevoir momentanément les produits et une bascule qui servira à les peser. L'employé de surveillance à l'atelier d'épuration vérifiera chaque pesée et en inscrira séance tenante le résultat au carnet n° 6.

Il convient toutefois d'envisager le cas où, à défaut de place disponible ou pour toute autre cause, le pesage des sucres ne pourrait être opéré dans la salle des turbines et devrait être retardé jusqu'à leur sortie du transporteur, c'est-à-dire jusqu'à leur entrée en magasin.

Dans les usines où le sucre est ensaché automatiquement à sa sortie du transporteur, c'est à ce point de sortie que devra être établie la permanence; l'employé chargé de surveiller la pesée des sacs au fur et à mesure qu'ils seront remplis, devra être mis à même, par l'établissement d'un regard dont le verre sera fixé à demeure et d'une communication aussi directe que possible entre le magasin et la salle d'épuration, d'exercer, en outre, une surveillance constante sur les turbines et de ne pas perdre de vue ces appareils.

Dans les établissements où le sucre n'est pas ensaché à sa sortie du transporteur, il devra être déversé par l'appareil dans un local hermétiquement clos qui constituera le lieu de dépôt des produits non pesés et qui ne pourra être ouvert avec la coopération du service que pour procéder à la pesée des sucres et à leur introduction dans le magasin proprement dit, ainsi qu'à leur prise en charge au compte auxiliaire. Ici la surveillance sera organisée aux turbines lorsqu'elles seront en activité, et à l'intérieur du local renfermant les sucres non pesés, lorsqu'on procèdera à l'ensachement, à la pesée et à la sortie des matières y contenues.

Bien entendu, quelle que soit la méthode adoptée, les conduites destinées à transporter le sucre seront hermétiquement closes et scellées par le service, sur tout leur parcours; en un mot, toutes les précautions devront être prises pour se prémunir contre les détournements avant l'arrivée du sucre dans le magasin.

III. — Tenue des comptes.

Il continuera d'être ouvert aux fabricants de sucre deux comptes : un compte général de fabrication et un compte auxiliaire de produits achevés; le premier est suivi en sucre exprimé en raffiné, le second en sucre brut.

1° Compte général de fabrication.

Le compte de fabrication sera chargé :

1° Des quantités formant la reprise de la campagne en cours et constituant le stock à la clôture des écritures de la précédente campagne;

2° De celles reçues de l'extérieur sous forme de sucre brut ou représentées par les mélasses provenant d'autres fabriques;

3° De celles représentant le minimum légal de rendement, à raison de 1,500 grammes de raffiné par hectolitre de jus soumis à la défécation et par degré densimétrique.

Il sera déchargé :

1° Des quantités expédiées à l'état de sucre brut ou de mélasses;

Et 2° de celles représentées par les manquants du compte de magasin qui auront été soumis au droit.

Le service procèdera à trois inventaires au cours de chaque campagne; le premier sera effectué immédiatement avant la reprise des travaux de défécation; le second, après la cessation de ces travaux et le troisième, à l'expiration de la campagne comptée du 1er septembre de chaque année au 31 août suivant.

Les excédents que les inventaires feront apparaître seront pris en charge à titre de bonification de rendement; ces sucres seront, bien entendu, passibles du même droit de 25 francs que ceux représentant le minimum légal de prise en charge.

Les manquants seront passibles du droit de consommation; toutefois, par application du décret du 7 janvier 1860, une décision du Ministre des finances pourra accorder décharge de ces manquants, s'il est établi qu'ils doivent être exclusivement attribués à des déficits de fabrication. Les Directeurs auront, le cas échéant, à formuler des propositions de décharge sous le timbre de la présente circulaire.

2° *Compte auxiliaire de magasin.*

Le compte de magasin sera chargé (en poids effectif) :

1° A titre de reprise, des quantités de sucre brut existant en fabrique lors de la clôture du compte de la précédente campagne;

2° Des quantités reçues de l'extérieur, lesquelles ne pourront être introduites qu'en vertu d'acquits-à-caution;

3° De celles successivement extraites des turbines et pesées sous les yeux du service, lors de leur entrée en magasin.

Il sera déchargé (également en poids effectif) :

1° Des quantités expédiées en vertu de titres de mouvement;

2° De celles dont les employés auront constaté la refonte.

La balance de ce compte sera établie aussi fréquemment que le service le jugera nécessaire et au moins une fois par mois.

Les excédents seront saisis par procès-verbal; ils seront pris en charge au compte auxiliaire pour leur poids effectif, et au compte général de fabrication pour la quantité de raffiné qu'ils représentent. L'évaluation en raffiné sera faite par les employés, après analyse des produits. En cas de contestation de la part du fabricant, les commissaires experts institués par la loi du 27 juillet 1822 seront, par application de l'article 20 du décret du 1er septembre 1852, appelés à statuer au vu d'échantillons prélevés contradictoirement.

Les manquants de magasin seront alloués de plein droit et inscrits immédiatement en décharge, lorsqu'ils ne seront pas supérieurs à 3 p. o/o.

Lorsqu'ils s'élèveront au-dessus de 3 p. o/o sans toutefois dépasser 6 p. o/o, l'Administration pourra en prononcer la remise complète ou exiger qu'ils soient soumis au droit. Si la remise est autorisée, décharge sera donnée du manquant auquel se rapportera la décision intervenue. Si l'Administration prescrit d'exiger le payement du droit, le manquant sera porté en décharge au compte de magasin pour son poids effectif, et compris aux sorties du compte de fabrication, pour la quantité de raffiné qu'il représente.

Lorsqu'ils seront supérieurs à 6 p. o/o, les manquants seront saisis par procès-verbal. Ils seront immédiatement portés en sortie, pour leur poids en raffiné, au compte général de fabrication, comme quantités passibles du droit, et déchargés également au compte de magasin, pour leur poids effectif.

L'allocation de 3 p. o/o sera, comme aujourd'hui, calculée : 1° sur les quantités prises en charge depuis le dernier recensement; 2° sur celles qui restaient en magasin à la date de ce recensement. En aucun cas, l'allocation totale ne pourra dépasser 3 p. o/o de ces quantités réunies et si, au dernier recensement, une partie de l'allocation sur les restes a été déjà absorbée par les manquants à cet inventaire, il n'y aura lieu de tenir compte, *en ce qui concerne les quantités qui restaient en magasin à la date de ce recensement*, que de la portion de l'allocation y afférente (excédent de déduction) qui n'aura pas été appliquée à cette date.

Lorsqu'au dernier recensement l'allocation de 3 p. o/o aura été entièrement absorbée, ou qu'il aura été constaté, soit un manquant de plus de 3 p. o/o, soit un excédent, le calcul de l'allocation afférente au nouveau recensement ne portera que sur les quantités prises en charge depuis le recensement précédent. Il en sera de même lorsque, à ce recensement, il ne restera aucune quantité en magasin.

Les manquants de plus de 3 p. o/o, mais de moins de 6 p. o/o, et les manquants supérieurs à 6 p. o/o, seront calculés sur les quantités prises en charge depuis le dernier recensement. Toutefois, hors le cas où il aurait été constaté au dernier recensement un manquant de plus de 6 p. o/o ou un excédent, il sera tenu compte : 1° de la portion de l'allocation de 3 p. o/o (excédent de déduction) disponible sur les quantités prises en charge antérieurement au dernier recensement;

2° d'une allocation complémentaire de 3 p. 0/0 sur les quantités qui restaient en magasin à la date de ce recensement.

IV. — Sorties des fabriques.

Sauf pour les sucres livrés directement à la consommation, lesquels peuvent être expédiés en sacs d'un poids net de 25 à 100 kilogrammes, les sucres bruts ne pourront être admis à la sortie qu'en sacs uniformément réglés au poids brut de 101 kilogrammes et au poids net de 100 kilogrammes, sans allocation d'aucune bonification. Les sacs auront toutes leur coutures à l'intérieur, ils seront fermés par le plomb de la Régie.

La détermination de la quantité de sucre raffiné représentée par le sucre brut sera opérée, comme actuellement, d'après le résultat de l'analyse polarimétrique, sous déduction de 1 1/2 p. 0/0 à titre de déchet de raffinage et après réfaction de quatre fois le poids des sels incombustibles (cendres) et de deux fois le poids des glucoses contenues dans les produits.

Lorsque le fabricant en fera la demande ou quand il remettra une déclaration écrite d'expédition, les employés prélèveront des échantillons dans la forme ordinaire. Ces échantillons seront logés dans quatre boîtes métalliques qui seront scellées du double cachet du service et de l'industriel; deux de ces boîtes seront adressées au laboratoire d'essai par l'intermédiaire, soit du chef divisionnaire en résidence dans la ville où est installé le laboratoire régional, soit de la Direction générale pour les sucres appelés à être analysés au laboratoire central de Paris. Les opérations de prélèvement d'échantillons s'appliqueront à tous les produits autres que les sucres cristallisés blancs qui auront été déclarés au titrage maximum de 99 degrés et qui seront livrés à la consommation directe. Ces opérations feront l'objet d'un procès-verbal dressé sur la formule n° 59.

Avant d'effectuer les prises d'essai, les employés auront soin de s'assurer que les produits sont bien homogènes; si cette condition n'était pas remplie, le prélèvement devrait être opéré sur chaque sac, en donnant des coups de sonde à diverses hauteurs, afin de recueillir un échantillon représentant aussi exactement que possible la composition moyenne du lot.

Dès que le prélèvement des échantillons aura été effectué, les sacs seront cousus et plombés afin d'empêcher les substitutions. De même, les prises d'essai partielles seront constamment maintenues à l'abri de toute atteinte; on évitera ainsi qu'elles soient adultérées par l'addition frauduleuse d'autres substances; après mélange intime, ces prises d'essai seront, sans désemparer, versées dans les boîtes affectées à leur transport et celles-ci seront immédiatement ficelées et cachetées.

Aux termes de l'article 11 de la loi du 31 mai 1846, les seuls produits dont la sortie des fabriques est autorisée, à titre général, sont : 1° les sucres achevés; 2° les mélasses épuisées.

L'enlèvement des sucres et des mélasses doit être précédé d'une déclaration. L'article 35 du décret du 1er septembre 1852 dispose que cette déclaration doit être faite la veille pour les opérations du lendemain, ou le jour même deux heures au moins d'avance. L'article 27 du même règlement stipule que les expéditions ne peuvent avoir lieu que de jour, c'est-à-dire dans les intervalles de temps fixés par l'article 26 de la loi du 28 avril 1816 (1).

Ces diverses prescriptions ont été édictées dans le but de se prémunir contre les manœuvres des contribuables qui voudraient systématiquement apporter des entraves à l'organisation de la surveillance de leurs opérations et à l'exercice du contrôle dont ces opérations doivent être l'objet. Mais, en fait, les dispositions dont il s'agit ne sont pas toujours appliquées d'une manière absolue. Un chef de service auquel est remise une déclaration d'enlèvement ne se refuse pas à procéder immédiatement à la reconnaissance des sucres présentés à la sortie et à délivrer le titre de mouvement qui doit accompagner les produits, s'il est en mesure de se faire assister par un employé. De même, dans les usines où les magasins sont largement éclairés et où le travail que nécessitent les expéditions doit, par suite d'un encombrement momentané ou de toute autre cause, commencer à une heure matinale ou se poursuivre jusqu'à une heure tardive, le chef de poste, prévenu à l'avance, organise son service de façon à assurer le contrôle des sorties en dehors des heures strictement réglementaires. Il continuera d'en être ainsi à l'avenir. Il importe, en effet, que l'exercice de la surveillance à laquelle sont assujettis les industriels

---

(1) Pendant les mois de janvier, février, novembre et décembre, depuis 7 heures du matin jusqu'à 6 heures du soir; pendant les mois de mars, avril, septembre, octobre, depuis 6 heures du matin jusqu'à 7 heures du soir; pendant les mois de mai, juin, juillet et août, depuis 5 heures du matin jusqu'à 8 heures du soir.

ne vienne jamais augmenter leurs frais de main d'œuvre ou gêner sans nécessité la marche de leurs opérations.

Aucune expédition ne peut être faite qu'après vérification des produits par le service et délivrance du titre de mouvement appelé à légitimer la circulation, soit des mélasses sur toute l'étendue du territoire (art. 25 de la loi du 26 juillet 1893), soit des sucres dans le rayon de surveillance déterminé par l'article 15 de la loi du 31 mai 1846 (arrondissement où il existe une fabrique de sucre et cantons limitrophes de cet arrondissement, excepté à l'intérieur des villes où le droit sur les boissons au profit du Trésor est perçu à l'effectif aux entrées et dans lesquelles il n'existe pas de fabrique de sucre).

Suivant que les produits seront libérés ou expédiés en suspension du payement du droit, le service délivrera des acquits n° 9 (noir) ou 9 A (rouge) (1).

Pourra toutefois être effectuée, sous le lien d'un laissez-passer du registre n° 11, la circulation des sucres cristallisés blancs, lorsque les quantités expédiées ne dépasseront pas 1,000 kilogrammes par mois et par destinataire (art. 37 du décret du 1er septembre 1852), ainsi que celle des mélasses livrées accidentellement à la consommation en quantités ne dépassant pas 100 kilogrammes par envoi.

La déclaration de sortie et les titres de mouvement énonceront :

1° Le nombre, la marque et le numéro des colis;

2° Leur poids brut et net;

3° Le lieu de destination;

4° Les nom, demeure et profession du destinataire, ainsi que la route que suivra le transport.

Les employés procèderont à la reconnaissance et à la pesée des produits, ils assisteront à leur enlèvement et, par une mention inscrite au cadre affecté à cet usage au verso de l'acquit ou du laissez-passer et au bas de laquelle ils apposeront leur signature, ils indiqueront la date et l'heure de la sortie effective.

La sortie des sucres et des mélasses devra toujours être constatée

---

(1) Le bénéfice d'une modération de taxe ayant été retiré aux sucres employés au sucrage des vins, cidres et poirés, le registre n° 9 B (bleu) ne recevra plus d'emploi; ce modèle est supprimé.

par une section composée du chef de service et d'un employé. Pour s'assurer que cette prescription essentielle n'est pas perdue de vue, les vérificateurs auront soin de rapprocher des énonciations du registre de travail n° 27 les visas à l'enlèvement apposés au verso des acquits rentrés déchargés et rattachés à la souche après apurement des relevés n° 13 (noir) ou 13 A (rouge).

Au cadre réservé à cet effet sur chaque acquit-à-caution, le service transcrira soigneusement le détail de l'analyse des produits, afin de permettre, le cas échéant, que les quantités de sucre cristallisable représentant les corrections faites sur le titre saccharimétrique, pour tenir compte de l'influence des sels minéraux et des glucoses, soient exactement prises en charge au compte des réfactions, à l'entrée des produits en raffinerie.

En principe, les sucres ne peuvent sortir des fabriques avant d'avoir été analysés. Toutefois il arrive fréquemment que les produits sont expédiés avant notification des résultats de l'analyse. Dans ce cas, ils circulent accompagnés du permis annexé à chaque ampliation des registres n°s 9 et 9 A. Ce permis est seul détaché lors de l'enlèvement, et l'acquit n'est délivré que lorsqu'il peut être complété par l'indication du détail de l'analyse; ce dernier titre est alors remis au soumissionnaire qui est tenu de le faire parvenir à destination, pour y être déchargé après rattachement du permis.

Il peut se faire que les résultats de l'analyse administrative soient contestés par le fabricant. L'acquit complété ainsi qu'il vient d'être dit, n'en est pas moins remis à l'intéressé, mais il est revêtu d'une mention spécifiant que l'analyse a donné lieu à contestation. Grâce à cette mention, la prise en charge ou la liquidation des droits à l'arrivée est suspendue jusqu'au jour où le chef de poste de l'usine expéditrice aura fait connaître au service du lieu d'arrivée le titrage définitif résultant de la décision du comité d'expertise.

Toute contestation sur la richesse et la qualité des sucres ainsi que des matières sucrées est déférée aux commissaires-experts institués par la loi du 27 juillet 1822, modifiée par la loi du 7 mai 1881 (art. 4 du décret du 27 mars 1852). La décision de ces commissaires est définitive.

Lorsque l'industriel n'acceptera pas les résultats de l'analyse faite par les laboratoires du Ministère des Finances, le service aura soin de remplir la seconde partie du procès-verbal de prélèvement d'échantillons (n° 59) et adressera ce document, en même temps que l'une des deux boîtes d'échantillons conservées en fabrique, à la direction générale, afin de la mettre à même d'appeler le comité d'expertise à trancher le différend. La direction générale notifiera la décision intervenue au service du lieu de départ, et celui-ci la portera à la connaissance du service du lieu d'arrivée; cette notification permettra d'arrêter les bases de la prise en charge ou de procéder à la liquidation du droit.

Aux termes de l'article 18 de la loi du 19 juillet 1880, en cas de recours à l'expertise légale, les titrages constatés par les laboratoires de l'Administration seront maintenus lorsque les différences en plus ou en moins reconnues par les commissaires-experts n'atteindront pas un degré. Pour l'application de cette disposition, la différence entre les deux analyses sera calculée d'après les titrages réels, fractions comprises. Si l'on opérait le calcul sur les titrages qui doivent servir de base à la perception du droit, c'est-à-dire en négligeant les fractions de degré, les résultats donnés par l'analyse administrative pourraient, en effet, être infirmés, alors même que la différence entre les deux titrages complets serait inférieure à un degré. Un exemple permettra de mieux fixer les idées à cet égard :

	TITRAGE RÉEL (fractions comprises.)	TITRAGE SERVANT DE BASE à la perception du droit (fractions négligées).
Analyse administrative	83° 95	83°
Analyse du Comité d'expertise	84 05	84
DIFFÉRENCE	0 10	1

Dans ce cas, la différence entre les deux titrages effectifs (fractions comprises) étant inférieure à un degré, le titrage accusé par l'analyse administrative doit être maintenu.

Un dossier est constitué par le service de la fabrique, pour chaque lot de sucre expédié; ce dossier se compose du procès-verbal de prélèvement d'échantillons, de la feuille de notification de l'analyse et, s'il y a lieu, de l'avis relatif à la décision du comité d'expertise. Ces documents, vérifiés avec soin et rapprochés de l'inscription en décharge au compte général de fabrication, ainsi que des énonciations des titres de mouvement, donneront aux contrôleurs et aux inspecteurs le moyen de s'assurer que la matière imposable a été régulièrement décomptée en raffiné, que la décharge a été bien effectuée et que, d'autre part, le droit exigible a été exactement constaté ou garanti.

Une seule modification a été apportée par le nouveau régime aux écritures auxquelles peuvent donner lieu, en fabrique, la sortie des sucres bruts et leur évaluation en sucre raffiné, en vue d'établir la base de perception et le montant de la décharge à inscrire au compte général de fabrication; elle est relative à l'exportation directe des sucres bruts d'un titrage saccharimétrique de 99.75 p. 100 et au-dessus. L'article 1er de la loi du 7 avril 1897 admettait ces sucres à la décharge du compte, pour leur poids effectif comme raffiné. Cette bonification n'a plus de raison d'être sous le nouveau régime; elle resterait, dans la plupart des cas, sans effet réel sur la liquidation des comptes des fabriques, la production effective paraissant devoir être supérieure au minimum de prise en charge afférent au volume et à la densité des jus mis en œuvre; d'autre part, elle se concilierait mal avec une législation qui, en exécution des stipulations contenues dans la convention de Bruxelles, ne doit comporter l'allocation d'aucun avantage direct ou indirect à la production ou à l'exportation des sucres. Par application de ce principe, l'article 1er de la loi du 7 avril 1897 a été expressément abrogé. En conséquence, quel que soit leur titrage et quelle que soit leur destination, les sucres sortis des fabriques seront portés en décharge au compte général de fabrication pour leur poids exprimé en raffiné. Ainsi 10,000 kilogrammes de sucre brut expédié directement à l'étranger et dont le titrage, après réfaction, sera arrêté à 99°, fractions négligées, seront inscrits en sortie, au compte général, pour 9,752 kilogrammes de sucre raffiné, que le titre accusé par ces sucres au polarimètre atteigne ou non 99.75 p. 100.

De même, le cas échéant, dans les fabriques raffineries, les sucres raffinés en grains polarisant 99° 75 ou plus et dont le titrage aura été arrêté à 99°, ne seront inscrits en décharge que pour 9,900 kilogrammes, qu'ils soient exportés ou livrés à la consommation intérieure.

Le service affectera un carnet n° 6 au relevé des constatations successivement opérées à la sortie des sucres et des mélasses.

MÉLASSES. — Le régime des mélasses à la sortie des fabriques est l'objet de modifications assez importantes.

Les mélasses épuisées dont l'expédition sur les distilleries est autorisée par l'article 11 de la loi du 31 mai 1846 seront portées à la décharge du compte de fabrication pour une quantité de 5 kilogrammes (5 p. 100 de leur poids) de sucre raffiné (art. 23 du décret du 1er septembre 1852 remis en vigueur).

Il en sera de même pour celles :

1° Qui seront exportées;

2° Qui, n'ayant pas plus de 50 p. 100 de richesse saccharine absolue (art. 1er de la loi du 28 janvier 1903), seront utilisées en franchise à des usages agricoles, sous les conditions déterminées par la circulaire n° 508, du 31 octobre 1902 (1);

3° Qui seront livrées à la consommation en vertu d'autorisations administratives; ces dernières acquitteront, à la sortie de l'établissement producteur, le droit de 25 francs par 100 kilogrammes sur la base de 5 kilogrammes de raffiné par 100 kilogrammes de mélasses.

En ce qui touche les expéditions de fabrique à fabrique ou, le cas échéant, à des sucrateries, les dispositions de l'article 3 de la loi du 29 juin 1891 restent en vigueur. En conséquence, les mélasses dirigées sur ces établissements seront inscrites en décharge, à raison de 30 kilogrammes de sucre raffiné par 100 kilogrammes de mélasses; elles ne pourront être expédiées dans ces conditions que lorsqu'elles n'auront pas plus de 50 p. 100 de richesse saccharine absolue; elles seront, bien entendu, prises en charge, sur les mêmes bases, dans l'établissement destinataire.

A l'exception des quantités de 100 kilogrammes et au-dessous qui,

---

(1) Le droit à la perception duquel donneront lieu, postérieurement au 1er septembre prochain, d'une part, la constatation de manquants chez les dépositaires de mélasses destinées aux usages agricoles et, d'autre part, la non-décharge d'acquits-à-caution relatifs à des mélasses expédiées à la même destination, sera calculé sur la base de 5 kilogrammes de sucre raffiné par 100 kilogrammes de mélasses; ainsi 100 kilogrammes de mélasses donneront ouverture, dans ces deux cas, à une perception de 1 fr. 25 $\left(\frac{25 \times 5}{100}\right)$, à titre de simple droit. Un second droit de 1 fr. 25 sera exigible si l'acquit n'est pas régulièrement déchargé.

lorsqu'elles seront libérées d'impôt, pourront circuler en vertu de laissez-passer n° 11, les mélasses, à la sortie des fabriques et des sucrateries, seront placées sous le lien d'un acquit-à-caution; celles livrées à la consommation donneront lieu à la délivrance d'un acquit n° 9 (noir) et les autres seront accompagnées d'ampliations du n° 9 A (rouge).

Le service n'omettra pas d'apposer sur les fûts de mélasses une étiquette mentionnant : l'indication du bureau d'expédition, le numéro et la date de l'acquit, le numéro ou la marque, ainsi que le poids net et la tare du fût. Cette étiquette sera de couleur spéciale suivant la destination à laquelle les mélasses seront expédiées : sur papier blanc (modèle actuel n° 55 A), pour les produits dirigés sur un établissement exercé (fabrique ou sucraterie) et donnant lieu à une décharge de 30 p. 100; sur papier rouge (modèle actuel n° 55 C), pour les produits expédiés sur les destinations donnant lieu à une décharge de 5 p. 100 (distilleries, étranger, usages agricoles, consommation).

A la sortie des fabriques, le service ne prélèvera d'échantillons, en vue de l'analyse, que sur les mélasses déclarées pour les usages agricoles et sur celles dirigées sur un autre établissement exercé (fabrique ou sucraterie), afin de s'assurer qu'elles ne titrent pas plus de 50 p. 100. Il reconnaîtra la tare, le poids brut et le poids net de chaque colis, et les deux employés qui auront vérifié le chargement au départ viseront les titres de mouvement à l'enlèvement des matières.

LIQUIDATION ET PERCEPTION DU DROIT.

Les sucres peuvent être dirigés, en suspension du payement du droit, soit sur d'autres fabriques, soit sur des entrepôts réels, soit sur des établissements affectés à la préparation de produits à base de sucre et érigés en entrepôts réels (art. 4 de la loi du 28 janvier), soit à destination de l'étranger.

Aucune quantité de sucre ou de mélasse livrée directement à la consommation ne peut être enlevée des fabriques qu'après payement du droit ou garantie suffisante de son acquittement (art. 36 du décret du 1er septembre 1852).

En conséquence, le service ne devrait laisser sortir ces produits que, soit sur la présentation de la quittance constatant le payement du droit en espèces, soit sur justification de la souscription d'une obligation cautionnée à quatre mois de date ou d'une obligation d'admission temporaire.

Mais on conçoit aisément que cette exigence serait de nature à entraver les opérations de la plupart des industriels, surtout de ceux qui ne résident pas à proximité du siège d'une recette. Aussi, les redevables qui désirent s'en affranchir peuvent-ils être admis, par le receveur principal de la circonscription, au bénéfice du crédit d'enlèvement, c'est-à-dire à la faculté de souscrire une soumission cautionnée garantissant, pour une période déterminée, le montant des droits qui pourront devenir exigibles. Dans la limite du chiffre du crédit concédé et des intervalles de temps fixés pour se libérer, les industriels peuvent faire sortir leurs produits sans fournir au préalable les justifications spécifiées à l'article 36 précité. Les soumissions dont il s'agit sont reçues au reg. n° 24. Le receveur principal indique, tant au chef de service de la fabrique qu'au comptable subordonné dans la circonscription duquel se trouve placée l'usine, le montant de l'impôt dont l'encaissement ou la garantie pourra être suspendu jusqu'au plus prochain passage du receveur ambulant, et, jusqu'à l'expiration de chaque période de 10 jours, dans les recettes sédentaires. Dès que les taxes exigibles sont recouvrées ou garanties, le crédit d'enlèvement redevient disponible et s'applique à une nouvelle période d'égale durée.

Les chefs de service veilleront à ce que les expéditions sans justification préalable de l'acquittement ou de la garantie de l'impôt soient renfermées strictement dans la limite de la concession du crédit et, à cet effet, les receveurs ne devront jamais omettre d'aviser sans retard ces chefs de service, dès qu'ils délivreront une quittance ou qu'ils feront souscrire une obligation.

La constatation des droits et le contrôle des perceptions s'effectueront, comme aujourd'hui, par la production des avertissements n° 26, des bulletins n° 33, des relevés mensuels et trimestriels n° 32, de l'état trimestriel de produits n° 22.

APUREMENT DES ACQUITS-À-CAUTION.

Le nouveau régime ne modifie en rien les conditions d'apurement des acquits-à-caution. L'Administration se borne à recommander aux vérificateurs de suivre de près cette importante partie du service et de veiller à ce que les relevés trimestriels n° 13, établis en vue de contrôler la prise en charge ou la liquidation des droits à destination, soient dressés avec le plus grand soin et rapprochés des écritures tenues, tant à l'arrivée qu'au départ, ainsi que le prescrit la lettre commune n° 24, du 10 septembre 1880.

CHAPITRE II.

EXERCICE DES FABRIQUES RAFFINERIES.

Les instructions qui précèdent s'appliquent entièrement aux fabriques raffineries. D'autre part, les dispositions particulières en vigueur concernant ces établissements continueront, d'une manière générale, de recevoir leur exécution, notamment celles relatives aux écritures, lesquelles sont tenues sur un portatif spécial, modèle n° 7 B, comportant quatre comptes. Le compte général de fabrication et le compte auxiliaire de magasin des sucres bruts sont suivis dans les mêmes conditions que dans les fabriques simples. Mais il est ouvert, en outre, un compte des sucres mis à l'étuve et un compte de magasin des sucres achevés.

Dans les fabriques raffineries, la surveillance devra s'exercer particulièrement à l'atelier de turbinage, au magasin des sucres bruts, à la mise en refonte de ces sucres, à l'entrée et à la sortie des étuves, ainsi qu'au magasin des sucres raffinés.

Ainsi qu'il a été dit plus haut, les sucres raffinés en grains, expédiés à l'étranger et dont le titrage serait égal ou supérieur à 99° 75, ne seront plus, à partir du 1er septembre prochain, inscrits en décharge pour leur poids effectif, mais pour la quantité de sucre raffiné qu'ils seront reconnus représenter.

Les produits expédiés des fabriques raffineries à l'état brut donneront lieu à la perception ou à la garantie de l'impôt unique de 25 francs; les sucres raffinés appelés à alimenter la consommation intérieure seront, indépendamment du droit de 25 francs, assujettis au payement de la taxe de raffinage dont il sera parlé plus loin.

CHAPITRE III.

EXERCICE DES RAFFINERIES.

L'article 5 de la loi du 28 janvier maintient expressément les dispositions des lois des 5 août 1890 et 26 juillet 1893. La législation nouvelle ne modifie que sur un point les conditions d'exercice des raffineries ou établissements assimilés (casseries et autres établissements fabriquant des agglomérés constitués, en tout ou en partie, par des sucres n'ayant pas acquitté la taxe de raffinage), telles qu'elles ont été déterminées par les lois précitées et par le décret du 30 août 1893. Par application de l'article 2 de la convention, qui a été promulguée par décret inséré au *Journal officiel* du 31 mai dernier, l'accès de toutes les parties de la raffinerie est ouvert au service des contributions indirectes. L'art. 2 du décret-loi du 27 mars 1852 est, en conséquence, remis en vigueur dans son entier. Indépendamment de ce droit de visite, pour l'exercice duquel les directeurs auront à prendre l'attache de l'Administration, la loi nouvelle se borne, d'une part, à réduire de 60 à 25 francs le taux du droit dont sont grevés les sucres introduits dans ces usines, ainsi que les excédents que pourrait faire apparaître la balance semestrielle du compte des réfactions (1), et, d'autre part, à ramener de 4 à 2 francs par 100 kilogrammes la taxe de raffinage dont sont passibles les produits livrés par ces établissements à la consommation intérieure.

Rien n'est changé, en ce qui concerne la redevance pour frais de surveillance instituée par l'article 13 de la loi du 5 août 1890 et dont le taux a été fixé, par l'article 26 de la loi du 26 juillet 1893, à 4 centimes par 100 kilogrammes de sucre exprimé en raffiné introduit en raffinerie et dans les établissements assimilés, en vue d'alimenter le marché français. Le produit de cette taxe continuera de figurer dans la comptabilité, aux droits constatés.

(1) Le compte ouvert le 1er juillet prochain sera arrêté le 31 décembre 1903. Si le règlement opéré à cette date fait apparaître un excédent des entrées sur les sorties, l'Administration sera appelée à statuer au sujet du tarif à appliquer à cet excédent.

Un changement assez important est apporté dans le mode d'introduction des sucres en raffinerie. Par suite de la suppression de la taxe de fabrication établie, par l'art. 4 de la loi du 7 avril 1897, sur les sucres bruts n'allant pas en raffinerie, l'acquit 9 D qui garantissait le payement de cette taxe exigible à la sortie des fabriques ou des entrepôts, à défaut de justification, dans le délai de vingt jours, de l'entrée du sucre en raffinerie, ne sera plus utilisé.

Les sucres déclarés à la sortie des fabriques ou des entrepôts, pour l'admission temporaire ou pour la consommation et qui seront dirigés sur des raffineries ou des établissements assimilés circuleront, comme avant 1897, en vertu de laissez-passer n° II A (modèle nouveau) (1).

CHAPITRE IV.

EXERCICE DES ENTREPÔTS.

Le régime des entrepôts n'est pas modifié.

Le sucre constituant le stock des entrepôts à la date du 1er septembre prochain sera passible du nouveau droit de 25 francs (lequel devra être perçu ou garanti, à la sortie), quelle que soit son origine et quel que soit le régime sous lequel son introduction aura eu lieu, c'est-à-dire que le sucre ait été entreposé en suspension du payement du droit ou bien en qualité de produit libéré d'impôt, ayant motivé la délivrance d'un certificat représentant la taxe précédemment acquittée. Les sucres raffinés qui, avant ou après le 1er septembre, auraient été entreposés à la décharge des comptes d'admission temporaire et auraient donné lieu à la délivrance d'un certificat comportant un coupon relatif à la taxe de raffinage et à la redevance de 4 centimes, seront, en outre, lors de leur sortie, si elle est opérée postérieurement au 1er septembre, assujettis au payement des taxes de 2 francs et de 4 centimes.

Les introductions de sucre libéré motiveront, à partir du 1er septembre, l'établissement de certificats d'entrée en entrepôt des nou-

(1) Il conviendra d'annoter, en conséquence, le tableau régulateur des expéditions à délivrer inséré dans la circulaire n° 293, du 12 juillet 1898.

veaux modèles 7 ou 7 C, selon le cas (1); ces certificats seront reçus en apurement des obligations garantissant le nouveau droit.

Les dispositions contenues dans l'article 8 du décret du 11 août 1899, concernant la reconnaissance et la vérification des sucres présentés dans les entrepôts à la décharge des comptes d'admission temporaire, restent en vigueur et continueront d'être appliquées.

CHAPITRE V.

ADMISSION TEMPORAIRE.

Le régime de l'admission temporaire (2) est maintenu pour les sucres bruts, indigènes ou coloniaux français, de toutes qualités, et pour les sucres bruts étrangers de provenance extra-européenne.

Les sucres déclarés sous ce régime, pour être exportés après raffinage, seront compris aux soumissions d'admission temporaire, pour la quantité de sucre raffiné qu'ils seront présumés pouvoir produire. Leur rendement sera établi suivant les règles fixées par l'article 18 de la loi du 19 juillet 1880, lesquelles sont communes aux sucres placés en admission temporaire et aux sucres déclarés pour l'acquittement des droits.

Aucune modification n'est apportée aux conditions auxquelles l'admission temporaire des sucres est actuellement subordonnée. Les intérêts du Trésor continueront à être garantis par des obligations cautionnées (droit 25 francs) qui devront être apurées dans le délai de deux mois. L'apurement aura lieu, soit par la représentation de certificats d'exportation ou d'entrée en entrepôt mentionnant des quantités correspondantes de sucres raffinés en pains ou agglomérés, de sucres candis, de sucres raffinés autres que ceux spécifiés ci-dessus,

(1) Le modèle n° 7 (sucres bruts) ne comportera plus de coupon; le n° 7 C (sucres raffinés) comportera un coupon représentatif de la taxe de raffinage de 2 francs et de l'indemnité d'exercice de 0 fr. 04.

(2) D'une manière générale, l'admission temporaire est la faculté donnée aux redevables de recevoir, sans acquittement de l'impôt, des matières qu'ils s'engagent à exporter ou à mettre en entrepôt dans un délai déterminé, après leur avoir fait subir une transformation.

de vergeoises, ou de sucres bruts, soit par le payement en numéraire et avec intérêt (3 o/o) à dater de la soumission, du montant du droit de 25 francs sur les sucres soumissionnés. (Loi du 7 mai 1864, art. 5 et 6; loi de finances du 8 juillet 1865; loi du 15 février 1875; loi du 19 juillet 1880, art. 19; et loi du 4 juillet 1887, art. 5).

Les sucres raffinés en pains ou agglomérés ne seront admis, pour leur poids total, à la décharge des obligations d'admission temporaire qu'autant qu'ils seront parfaitement épurés, durs et secs (art. 19 de la loi du 19 juillet 1880, § 1er).

Les sucres candis devront être en cristaux secs et transparents. Ils seront comptés à raison de 107 kilogrammes de sucre raffiné par 100 kilogrammes de candi (même article 19, § 2).

Le bénéfice de la décharge poids pour poids, accordé aux sucres raffinés en grains ou cristaux, par la loi du 7 avril 1897, art. 1er (qui permettait de considérer ces sucres comme raffinés purs), est supprimé; les sucres dont il s'agit seront comptés pour la quantité de sucre raffiné qu'ils seront reconnus représenter. Seront également acceptés à la décharge des comptes d'admission temporaire, pour la quantité de sucre raffiné qu'ils représenteront : 1° les vergeoises et tous les sucres raffinés qui n'auront pas les degrés de pureté et de siccité exigés par la loi de 1880; 2° les sucres en poudre ou en morceaux irréguliers provenant du pilage ou du sciage des pains dans les établissements non soumis à l'exercice; 3° les sucres bruts (art. 19 de la loi du 19 juillet 1880, § 3, et art. 5 de la loi du 4 juillet 1887).

En définitive, les dispositions suivantes seront observées pour l'apurement des admissions temporaires :

A. — Seront admis à la décharge des comptes, pour leur poids effectif :

1° Les sucres raffinés parfaitement épurés, durs et secs, et présentés au service en pains ou à l'état d'agglomérés;

2° Les sucres de même qualité et état, qui, après vérification par le service, seront pilés ou cassés dans les établissements exercés et dans les entrepôts réels (1);

(1) Les conditions spéciales auxquelles sont soumis le pilage et le cassage des sucres raffinés en pains ou agglomérés ont fait l'objet de la circulaire n° 237, du 22 octobre 1897.

3° Les sucres sciés ou cassés, en morceaux réguliers, dans des établissements non exercés, lorsque leur état de siccité et de pureté permettra de constater qu'ils proviennent de sucres en pains ou agglomérés réunissant les conditions rappelées ci-dessus;

4° Le sucre cristallisable (saccharose) contenu dans diverses préparations sucrées.

B. — Seront admis à la décharge des comptes, à raison de 107 kilogrammes de sucre raffiné par 100 kilogrammes de candi, poids effectif, les sucres candis présentés en cristaux secs et transparents.

C. — Seront admis à la décharge des comptes, pour la quantité de sucre raffiné qu'ils seront reconnus représenter :

1° Les sucres raffinés qui ne rempliront pas les conditions obligatoires de pureté, de dureté et de siccité;

2° Les poudres et les morceaux irréguliers provenant du sciage et du cassage, dans les établissements non exercés, de sucres raffinés en pains ou agglomérés;

3° Les vergeoises;

4° Les sucres bruts.

L'application des dispositions qui précèdent incombe presque exclusivement au service des Douanes. Les agents des Contributions indirectes n'auront à intervenir que pour la vérification des produits qui seraient introduits dans les entrepôts réels de sucres indigènes ou expédiés des fabriques raffineries à destination de l'étranger.

Quand il s'agira de sucres dont le rendement devra être constaté par l'analyse, des échantillons seront prélevés contradictoirement et immédiatement adressés au laboratoire régional.

CHAPITRE VI.

EXPORTATION.

L'exportation continuera de s'effectuer dans les conditions actuellement existantes, soit en suspension du payement des droits, soit après libération des sucres. Dans ce dernier cas, l'exportation donnera lieu à la délivrance de certificats qui seront reçus à l'apurement des obligations d'admission temporaire garantissant le nouveau droit (25 francs). Comme aujourd'hui, les certificats n° 7 C, constatant l'exportation de sucres raffinés, seront munis d'un coupon dont la représentation permettra à l'intéressé d'obtenir l'exonération de la taxe de raffinage et de la redevance de 4 centimes sur les produits de l'espèce expédiés à l'étranger.

PRÉPARATIONS SUCRÉES.

L'article 4 de la loi du 28 janvier stipule que les sucres destinés à entrer dans la préparation de produits alimentaires, en vue de l'exportation, pourront être reçus et travaillés en franchise des droits dans des établissements spécialement affectés à cette fabrication. Ces établissements seront érigés en entrepôts réels; ils seront soumis à la surveillance permanente des employés des Contributions indirectes, et les frais de cette surveillance seront à la charge des fabricants. Des instructions spéciales seront adressées au service pour l'application de cet article.

La disposition dont il s'agit a pour but de permettre aux fabricants exportateurs d'obtenir l'exonération de l'impôt sur l'intégralité du sucre entrant dans leurs préparations. Il convient de signaler ici que le travail en entrepôt constitue une facilité nouvelle et laisse subsister les dispositions actuellement appliquées à l'exportation des produits à base de sucre.

Pour les chocolats notamment, le régime déterminé par le décret du 17 août 1880 ne reçoit aucune modification.

Les fabricants de produits sucrés qui n'auront pas installé des établissements exercés dans les conditions prévues à l'article 4 précité pourront continuer à exporter sous le régime défini par les décrets des 8 août 1878 et 18 septembre 1880. Lors de l'exportation, il leur sera délivré, comme aujourd'hui, par les soins de l'Administration des Douanes, un certificat pour la quantité de sucre cristallisable reconnu exister *en cet état* dans les produits, à la suite de l'analyse opérée par le laboratoire. Les certificats de l'espèce (modèle n° 7 A) seront reçus en apurement des obligations d'admission temporaire.

Les dispositions de l'article 17 du règlement d'administration publique du 18 juillet 1897 restent en vigueur. Dans le cas où, conformément à cet article, des décisions des Ministres des finances et du Commerce, rendues après avis du Comité consultatif des arts et manufactures, admettraient que la taxe de raffinage doit être restituée, à l'exportation de certaines préparations sucrées, sur le sucre entrant dans ces préparations, des certificats n° 7 C munis d'un coupon seraient délivrés aux intéressés, lors du passage de leurs produits à l'étranger (1).

CHAPITRE VII.

TAXE DE RAFFINAGE.

L'article 1er de la loi du 28 janvier supprime la taxe de fabrication établie, par l'article 4 de la loi du 7 avril 1897, sur les sucres bruts n'allant pas en raffinerie et ramène de 4 à 2 francs, par 100 kilogrammes de raffiné, le taux de la taxe de raffinage instituée, par le même article, sur les sucres candis, les sucres raffinés parfaitement épurés, durs et secs, les sucres raffinés autres titrant au moins 98 0/0 et les vergeoises.

Le produit de cette taxe continuera d'être porté au crédit du compte spécial prévu par l'article 42 de la loi du 29 juin 1897. Aucun changement n'est apporté, en ce qui concerne : 1° le mode de perception de la taxe dans les raffineries et établissements assimilés, à la sortie des fabriques raffineries et des entrepôts; 2° l'imputation des recettes en provenant à un compte ouvert par les comptables, sous le titre : « Services spéciaux du Trésor ». Les dispositions édictées par le décret du 18 juillet 1897 et les instructions données à cet égard par la circulaire n° 232, du 30 août 1897, continueront de recevoir leur application.

Les facilités accordées aux raffineries et aux établissements assimilés, pour la livraison de sucres bruts en nature à la consommation, sont maintenues sous les conditions spécifiées par la circulaire précitée. Bien entendu, lors des livraisons de l'espèce par les établissements dont il s'agit, la taxe de fabrication de 1 franc cessera d'être exigée, à partir du 1er septembre.

(1) L'exportation du lait concentré donne lieu à la décharge de la taxe de raffinage.

CHAPITRE VIII.

DÉTAXES DE DISTANCE.

L'article 3 de la loi du 28 janvier modifie, à partir du 1er septembre prochain, le régime actuel des détaxes de distance; il substitue à l'allocation forfaitaire fixée par les articles 2 et 3 de la loi du 7 avril 1897, le remboursement du montant effectif des frais de transport supportés par les sucres appelés à bénéficier de la détaxe et décide que le montant de cette allocation ne devra pas dépasser les taux fixés en 1897, c'est-à-dire, en ce qui concerne spécialement les sucres indigènes, 2 francs par 100 kilogrammes, poids effectif.

Dans le cas prévu par le 1er paragraphe de l'article 3 de la loi de 1897 (expédition par cabotage, des ports de la Manche sur les raffineries des ports de l'Atlantique et de la Méditerranée), l'allocation de la détaxe est faite par le service des douanes, les obligations d'admission temporaire étant reçues par les receveurs principaux de cette administration.

Le Service des Contributions indirectes n'intervient que dans les deux cas prévus par les 2° et 3e paragraphes de l'article 3 précité (1° expédition de sucres bruts, par voie ferrée, sur les raffineries des ports de l'Atlantique et de la Méditerranée, en provenance de fabriques situées à une distance minima de 250 kilomètres (1) de ces raffineries; 2° expédition de sucres bruts, par voie ferrée ou par canaux, sur les raffineries de l'intérieur, en provenance de fabriques situées à une distance de plus de 300 kilomètres (1), en ligne droite, des raffineries destinataires.

Les frais auxquels donne lieu le transport des sucres appelés à bénéficier de la détaxe sont généralement supérieurs au chiffre fixé par la loi de 1897. Les bons n° 27 continueront, dès lors, d'être établis d'après le taux de 2 francs par 100 kilogrammes, poids effectif. Les intéressés auront toutefois à justifier que les frais exposés ne sont pas

(1) Les tableaux des distances entre les fabriques et les raffineries de sucre ont été reproduits dans la circulaire n° 248, du 11 décembre 1897.

inférieurs à cette quotité, en remettant au comptable, qui les annexera à la souche du bon, les pièces indiquées ci-après : 1° lettre de voiture de la compagnie de transport, si l'expédition a été faite par voie ferrée, ou copie certifiée conforme de la convention intervenue pour les conditions du transport, si l'expédition a été faite par canaux ; 2° facture indiquant les frais de camionnage, tant au départ qu'à l'arrivée, dans le cas où ce camionnage n'aurait pas été effectué par la compagnie de transport elle-même.

Advenant le cas où le montant des frais de transport et de camionnage n'atteindrait pas 2 francs par 100 kilogrammes, l'allocation à titre de détaxe serait ramenée au chiffre de la dépense réelle.

Sous réserve des instructions ci-dessus relatives au calcul du taux de la détaxe, les prescriptions édictées par le décret du 18 juillet 1897, concernant la délivrance et l'emploi du bon de droit représentant cette allocation, ainsi que les règles fixées par la circulaire n° 232, du 30 août 1897, continueront d'être observées, en ce qui touche notamment, d'une part, l'imputation de la dépense, d'autre part, l'apurement des obligations de sucres détaxés et la restitution éventuelle de la détaxe, en cas de non représentation de certificats *d'exportation de sucres raffinés, n° 7 C*, pour la totalité des sucres compris dans l'obligation.

CHAPITRE IX.

CORSE.

Les droits actuellement perçus sur le sucre, en Corse, sont de 30 francs par 100 kilogrammes, en vertu de la loi du 21 avril 1818 qui fixait les droits perçus dans l'île à la moitié des droits que ce produit acquittait dans la France continentale.

A l'occasion du dégrèvement opéré, à partir du 1er septembre prochain, par la loi du 28 janvier, il a paru nécessaire d'unifier le régime et de soumettre les sucres consommés en Corse au tarif (25 francs) qui sera appliqué dans la métropole (1).

(1) La taxe de raffinage continuera de n'être pas perçue sur les sucres expédiés à destination de la Corse.

L'article 35 de la loi de finances du 31 mars réalise cette unification. Les produits sucrés suivent la même assimilation que le sucre en nature.

L'exécution de cette disposition incombe exclusivement à l'Administration des douanes.

CHAPITRE X.

GLUCOSES.

Le législateur a toujours maintenu, entre la tarification du sucre cristallisable et celle des glucoses, une certaine corrélation. La taxe des sucres étant considérablement abaissée, il était rationnel de réduire également le droit sur les glucoses.

L'article 32 de la loi de finances fixe le nouveau tarif à 5 fr. 60 par 100 kilogrammes. Ce tarif sera appliqué, à partir du 1er septembre prochain, aux glucoses expédiées des fabriques ou des entrepôts réels, à l'exception, bien entendu, des produits qui seront dirigés, sous acquit-à-caution, sur les brasseries. Les manquants imposables qui viendraient à être constatés, postérieurement au 1er septembre, dans les fabriques de glucoses et dans les dépôts autorisés, seront frappés de la même taxe.

CHAPITRE XI.

PÉNALITÉS.

Les pénalités applicables en cas d'infraction aux dispositions des lois relatives aux sucres et aux glucoses et des règlements rendus pour leur exécution sont maintenues; ce sont celles édictées par l'article 3 de la loi du 30 septembre 1873. Elles consistent dans la confiscation de la marchandise et dans une amende de 1,000 francs à 5,000 francs, laquelle, en cas de récidive, peut être portée à 10,000 francs.

L'emploi de tout procédé ayant pour objet de déguiser la richesse du sucre et de tromper sur son poids peut, en outre, donner lieu à l'allocation de dommages-intérêts au profit du Trésor (art. 22 de la loi du 19 juillet 1880).

CHAPITRE XII.

MODÈLES. STATISTIQUE.

Les changements apportés à l'assiette de l'impôt et aux tarifs, par la nouvelle loi, ont entraîné la suppression ou la modification d'un certain nombre d'imprimés du service des sucres et de l'admission temporaire; quelques modèles nouveaux ont été créés; d'autre part, les relevés présentant les renseignements destinés à établir les statistiques publiées mensuellement au *Journal officiel* ont été adaptés au nouveau régime.

Le service trouvera, dans les annexes de la présente circulaire:

1° Une liste des modèle supprimés; 2° une nomenclature générale des modèles qui devront être exclusivement mis en usage à partir de l'ouverture de la prochaine campagne (1); 3° la reproduction des modèles nouveaux, ainsi que de ceux utilisés actuellement et qui ont subi des changements importants.

La contexture des divers imprimés semble ne comporter aucune observation spéciale; quelques indications paraissent toutefois devoir être données, en ce qui concerne la formation des relevés statistiques présentant le degré moyen des jus.

Ce degré moyen, par usine et par circonscription administrative, sera obtenu en divisant, d'une part, le montant de la prise en charge par le volume des jus soumis à la défécation et, d'autre part, le quotient de cette première opération par 1,500 grammes.

Soit, par exemple, une fabrique où le volume des jus déféqués aura atteint 125,535 hectolitres ayant donné ouverture à une prise en charge de 750,518 kilogrammes de sucre exprimé en raffiné. En divisant le poids total du sucre par le volume total du jus, on obtiendra un premier quotient, $\frac{750{,}518 \text{ kilogr.}}{125{,}535 \text{ hectol.}} = 5$ kilogr. 9785, représentant la

---

(1) Sur les demandes d'imprimés qu'ils auront à adresser, le plus tôt possible, au **Matériel** central, les receveurs principaux n'omettront pas d'indiquer, pour les modèles ayant subi des changements importants (voir annexe III), que ces documents doivent être du tirage de 1903.

quantité moyenne de sucre prise en charge par hectolitre de jus; en divisant ensuite ce quotient par le montant de la prise en charge légale, 1,500 grammes, on obtiendra le degré moyen des jus: $\frac{\text{5 kilogr. 9785}}{\text{1 kilogr. 500}} = 3°985$; on négligera la fraction de centième de degré et on inscrira, comme degré moyen : 3° 98.

TITRE II.

DISPOSITIONS TRANSITOIRES.

Indépendamment des mesures transitoires relatives au dégrèvement lui-même, qui ont fait l'objet des lettres communes n°s 251, du 25 mai et 254 du 1er juillet, il convient de régler diverses questions d'ordre secondaire qui ont trait également au changement de régime.

PRIME DIRECTE D'EXPORTATION. COMPTE SPÉCIAL OUVERT POUR L'EXÉCUTION DE LA LOI DU 7 AVRIL 1897.

Par application des dispositions de l'article 4 du décret du 18 juillet 1897, les sucres déclarés pour l'exportation antérieurement au 1er septembre et qui auront fait l'objet de certificats d'exportation ou d'entrée en entrepôt ont droit à la prime, sous condition que, pendant leur durée de validité (deux mois), ces certificats soient présentés à l'apurement d'obligations d'admission temporaire concernant des sucres indigènes ou coloniaux français. Conformément aux instructions données par la circulaire n° 503, du 21 août 1902, si, pendant les mois de septembre et d'octobre prochains, il est fait des imputations de l'espèce, le service délivrera aux intéressés des bons n° 25 établis d'après les taux fixés, pour la campagne en cours, par le décret du 14 août 1902 (1 fr. 11, 1 fr. 27 et 1 fr. 43, suivant qualité des sucres réellement exportés).

A l'expiration du mois d'octobre, il y aura lieu d'adresser, comme les années précédentes, à la Direction générale, un état présentant la situation définitive des recettes et des dépenses effectuées, pendant la campagne 1902-1903, en exécution de la loi du 7 avril 1897.

A partir de la prochaine campagne, les situations mensuelles comporteront :

En recette ;

Les constatations faites à titre de taxe de raffinage (2 francs), après le 31 août, sur la campagne 1903-1904 ;

En dépense ;

Le montant des bons de détaxe n° 27 délivrés à partir du 1er septembre.

FABRIQUES DE SUCRE ET ENTREPÔTS.

L'inventaire de fin de campagne sera effectué dans les fabriques de sucre et dans les entrepôts, le 31 août, dans les conditions ordinaires. Le stock existant à cette date, imposable, à partir du 1er septembre prochain, au droit unique de 25 francs, formera la reprise de la nouvelle campagne.

MÉLASSES EXISTANT DANS LES FABRIQUES, EN FIN DE CAMPAGNE.

Quelques explications paraissent nécessaires, en ce qui touche les mélasses non osmosées qui existeront en fabrique, le 31 août. Suivant la règle, ces produits seront compris dans les restes, à raison de 14 kilogrammes de sucre raffiné par 100 kilogrammes de mélasse. L'inscription en reprise sera effectuée sur la même base, elle reproduira la situation constatée lors de la clôture du compte de la campagne 1902-1903.

Ultérieurement, lorsque les produits dont il s'agit seront expédiés à l'une des destinations admises (distillerie, étranger, usages agricoles, consommation), la décharge sera également opérée d'après le taux de 14 kilogrammes, et c'est sur ce taux que sera établie, le cas échéant, la liquidation du droit à percevoir.

Si ces produits sont expédiés sur une autre fabrique ou sur une sucraterie, ils donneront lieu à une inscription en décharge de 30 kilogrammes de raffiné par 100 kilogrammes de mélasses. L'excédent qui apparaîtra, de ce fait, sera repris en charge par voie d'inventaire.

MÉLASSES DESTINÉES AUX USAGES AGRICOLES.

Un recensement sera effectué, le 31 août, chez les dépositaires de mélasses destinées aux usages agricoles, à l'effet de clôturer le compte de la campagne et de dégager les manquants imposables au tarif actuel, soit 60 francs par 100 kilogrammes à raison de 14 kilogrammes de sucre par 100 kilogrammes de mélasses reconnues manquantes.

TAXE DE RAFFINAGE DE 4 FRANCS.

Les règles adoptées, en ce qui concerne le règlement des comptes spéciaux ouverts aux intéressés pour la perception de la taxe de raffinage, seront suivies lors de la clôture de la campagne actuelle.

Les charges de ce compte seront arrêtées au 31 août. En ce qui touche les industriels chez lesquels il sera procédé à des inventaires, selon les dispositions de la Lettre commune n° 251, du 25 mai dernier (raffineurs, fabricants d'agglomérés), les quantités de sucre (exprimé en raffiné) recensées, soit dans l'établissement principal, soit dans les dépôts annexes, seront inscrites en décharge au compte de la taxe de raffinage de la campagne en cours, comme n'ayant pas été consommées sous le régime actuel, et seront portées au compte de la même taxe (2 francs) pour la campagne 1903-1904 dont elles formeront les premières charges. Cette déduction opérée, les quantités restant inscrites au compte de la campagne 1902-1903 constitueront les charges nettes de ce compte. Jusqu'au 30 septembre, les intéressés pourront, comme actuellement, représenter des coupons détachés de certificats d'exportation ou d'entrée en entrepôt antérieurs au 1er septembre. Le 30 septembre, le compte spécial de la campagne 1902-1903 sera définitivement clos, et le payement de la taxe de 4 francs sera exigé sur la différence entre les charges et les décharges.

TAXE DE FABRICATION DE UN FRANC.

Un règlement sera également opéré chez les redevables qui, par application des dispositions du décret du 19 août 1898, ont demandé l'ouverture d'un compte spécial pour la perception de la taxe de fabrication de un franc établie, en 1897, sur les sucres consommés à l'état brut.

Les charges seront arrêtées au 31 août.

En ce qui concerne les industriels chez lesquels il sera procédé à des inventaires et qui auront réclamé l'ouverture d'un compte, selon les dispositions de la lettre commune n° 251, du 25 mai dernier, et de la lettre autographiée n° 43, du 15 juin suivant, les quantités de sucre (exprimé en raffiné) recensées, soit dans l'établissement principal, soit dans les dépôts annexes, seront inscrites en décharge, comme n'ayant pas été consommées sous le régime actuel. Cette déduction opérée, les quantités restant inscrites constitueront les charges nettes du compte.

Pendant tout le mois de septembre, les intéressés pourront, suivant les règles admises, présenter en décharge des coupons détachés de certificats d'exportation ou d'entrée en entrepôt délivrés avant le 1er septembre et concernant des sucres bruts (modèles nos 7 et 7 A). Le 30 septembre, le compte sera clos et le payement de la taxe de 1 franc exigé sur les quantités imposables que dégagera la balance du compte.

SUCRES DÉCLARÉS POUR LE SUCRAGE DES VINS, DES CIDRES OU POIRÉS.

Jusqu'au 31 août prochain, l'emploi du sucre au sucrage des vins, des cidres ou des poirés, s'effectuera dans les conditions déterminées par le décret du 22 juillet 1885 modifié par le décret du 20 juillet 1901.

Il peut se faire qu'au moment de l'application du nouveau régime il y ait, soit en circulation, soit chez des récoltants ou dans les dépôts autorisés, des sucres déclarés pour le sucrage, ayant acquitté la taxe spéciale de 24 francs, mais qui ne seraient pas encore utilisés.

En ce qui concerne les produits en circulation, le 1er septembre, qui parviendraient à destination postérieurement à cette date, les acquits 9 B (bleu) ne seront déchargés qu'après représentation des matières y énoncées et payement de la somme de un franc, par 100 kilogrammes de raffiné, formant la différence entre le droit précédemment acquitté et celui applicable à partir du 1er septembre (25 fr.).

Pour les produits parvenus à destination avant le 1er septembre, le service se conformera aux instructions ci-après :

Les quantités reconnues en restes chez les récoltants donneront lieu au payement immédiat de la somme de un franc par 100 kilogrammes de raffiné. Si, lors de son intervention chez les destinataires pour la décharge des acquits 9 B, le service était amené à constater que des sucres ont été employés au sucrage en quantités supérieures à celles prévues par les décrets précités, ces quantités seraient frappées de la taxe complémentaire de 36 francs par 100 kilogrammes; le titre de mouvement ne serait déchargé qu'après versement de cette taxe. D'autre part, ainsi que le spécifie la circulaire n° 175, du 24 août 1896, en cas de fraude ou de soupçon de fraude, le second droit plein (60 fr.), garanti par l'acquit-à-caution, deviendrait exigible.

Le 1er septembre, il sera procédé à un inventaire de clôture chez les dépositaires de sucres destinés au sucrage. Le payement de la somme de un franc par 100 kilogrammes devra être effectué sur les quantités reconnues restantes à cette date. Les excédents que ferait apparaître la balance du compte seront constatés par procès-verbal et saisis. Les manquants seront soumis à la taxe complémentaire de 36 francs.

Les perceptions opérées à titre de complément de tarif de un franc seront classées, dans la comptabilité, aux recettes accidentelles.

GLUCOSES.

FABRIQUES. DÉPÔTS. BRASSERIES.

Les manquants nets que fera apparaître le règlement de fin de campagne, effectué dans les fabriques de glucoses, seront passibles du droit de 13 fr. 50 par 100 kilogrammes.

De même, un recensement sera opéré, le 31 août, chez les dépositaires de glucoses non libérés du droit et chez les brasseurs qui utilisent ces produits à la fabrication des bières. Les manquants nets que ce recensement permettra de constater seront imposés au tarif de 13 fr. 50.

Des instructions ultérieures seront données, relativement aux modifications qu'entraîne, en ce qui concerne les glucoses employées en brasserie, la réduction à 5 fr. 60 de la taxe de consommation.

RECOMMANDATIONS GÉNÉRALES.

Le nouveau régime établit l'impôt sur des bases positives, il fait disparaître les complications inhérentes à la diversité des tarifs. La législation se trouve, en fait, notablement simplifiée. Sa mise à exécution ne paraît pas devoir présenter de réelles difficultés.

Pour éviter des erreurs, des malentendus, il est toutefois nécessaire que les agents de tout ordre, appelés à assurer cette exécution, se rendent à l'avance un compte exact des prescriptions applicables à l'industrie et au commerce des sucres. Afin de faciliter les recherches et la solution des questions que le service pourrait avoir à trancher, les annexes de la présente circulaire comportent, indépendamment des dispositions adoptées en 1903, les textes légaux et réglementaires antérieurs, imprimés sur deux colonnes comprenant : l'une, les dispositions anciennes maintenues ou remises en vigueur à partir du 1er septembre; l'autre, celles considérées comme abrogées ou demeurant sans effet.

Le Conseiller d'État, Directeur général,

Signé : Courtin.

Pour ampliation :

L'Administrateur de la 2e Division,

Signé : E. Boizard.

ANNEXE I.

1° Loi du 28 janvier 1903, sur le régime des sucres.

2° Loi du 27 janvier 1903, portant ratification de la convention sucrière de Bruxelles.

3° Extrait de la loi de finances du 31 mars 1903.

4° Décret promulguant la convention de Bruxelles et le protocole de clôture y annexé.

ANNEXE I.

1° Loi relative au régime des sucres.

(Insérée au *Journal officiel* du 29 janvier 1903.)

LE SÉNAT ET LA CHAMBRE DES DÉPUTÉS ont adopté;

LE PRÉSIDENT DE LA RÉPUBLIQUE promulgue la loi dont la teneur suit :

ARTICLE PREMIER.

A partir du 1er septembre 1903, les droits sur les sucres de toute origine livrés à la consommation sont ramenés aux taux ci-après fixés, décimes compris :

Sucres bruts et raffinés, vingt-cinq francs (25 fr.) par 100 kilogrammes de sucre raffiné;

Sucres candis, vingt-six francs soixante-quinze centimes (26 fr. 75) par 100 kilogrammes de poids effectif.

A partir de la même date, le droit de fabrication de 1 franc par 100 kilogrammes institué par l'article 4 de la loi du 7 avril 1897 est supprimé, le droit de raffinage établi par ledit article 4 est ramené de quatre francs à deux francs (2 fr.).

Est autorisée, pour l'emploi aux usages agricoles, dans les conditions qui auront été déterminées par décrets, l'expédition en franchise de mélasses épuisées n'ayant pas plus de cinquante pour cent (50 p. %) de richesse saccharine absolue.

ART. 2.

Les surtaxes de douane sur les sucres étrangers de toute origine sont, à partir de la même date, modifiées ainsi qu'il suit :

Sucres raffinés et sucres bruts d'un titrage de quatre-vingt-dix-huit pour cent (98 p. %) au moins, six francs (6 fr.) par 100 kilogrammes de poids effectif.

Autres sucres, cinq francs cinquante centimes (5 fr. 50) par 100 kilogrammes de poids effectif.

Les sucres candis seront comptés à raison de cent sept kilogrammes (107 kilogr.) de sucre raffiné par 100 kilogrammes de candi, poids effectif.

Sont maintenues les dispositions des articles 5 de la loi du 7 avril 1897 et 1 et 2 de la loi du 14 juillet 1897.

ART. 3.

Les détaxes de distance instituées par les articles 2 et 3 de la loi du 7 avril 1897 seront dorénavant allouées à raison du montant effectif des frais de transport dont il sera justifié, sans que toutefois les taux fixés par les articles précités puissent être dépassés.

ART. 4.

Les sucres destinés à entrer dans la préparation de produits alimentaires en vue de l'exportation pourront être reçus et travaillés en franchise des droits dans des établissements spécialement affectés à cette fabrication. Ces établissements, érigés en entrepôts réels, seront soumis à la surveillance permanente des employés des Contributions indirectes : les frais de cette surveillance seront à la charge des fabricants. Des décrets détermineront les conditions d'agencement des fabriques, les obligations à remplir par les fabricants et, d'une manière générale, toutes les mesures d'application du présent article. Les contraventions aux dispositions de ces décrets seront passibles des peines édictées par l'article 3 de la loi du 30 décembre 1873.

ART. 5.

Sont abrogés à partir du 1er septembre 1903 :

Les articles 2 de la loi du 29 juillet 1884 et 2 de la loi du 5 août 1890, qui accordent une modération de taxe aux sucres employés au sucrage des vins, cidres et poirés, ainsi que l'article 3 de la loi de finances du 29 décembre 1888 ;

L'article 7 de la loi du 4 juillet 1887 ;

L'article 1er de la loi du 7 avril 1897;

Parmi les dispositions de la loi du 29 juillet 1884 et des lois subséquentes, celles qui ont organisé la prise en charge du sucre imposable dans les fabriques, d'après le poids des betteraves mises en œuvre, et qui ont accordé le bénéfice d'une immunité d'impôt aux sucres indigènes ou coloniaux français représentant des excédents de rendement ou des déchets de fabrication.

Sont remises en vigueur les dispositions légales antérieures à la loi de 1884, qui ont réglé la tenue des comptes dans les fabriques et la prise en charge de la production effective, avec un minimum de rendement basé sur le volume et la densité des jus reconnus avant la défécation. Le taux de cette prise en charge est fixé à 1,500 grammes par hectolitre et par degré de densité au-dessus de 100 (densité de l'eau).

Sont maintenues toutes les dispositions en vigueur relatives au mode d'imposition des sucres bruts d'après les méthodes saccharimétriques, ainsi que les dispositions des lois des 5 août 1890 et 26 juillet 1893, concernant l'exercice des raffineries, et, d'une manière générale, toutes les dispositions des lois antérieures qui ne sont pas contraires à la présente loi.

ART. 6.

Il sera procédé à l'inventaire des sucres et des sirops de toute nature (à l'exception des mélasses) qui existeront, au 1er septembre 1903, dans les raffineries et établissements assimilés.

Les sucres raffinés seront comptés pour leur poids intégral et les sucres candis pour sept pour cent (7 p. %) en sus. Les autres sucres et les sirops en cours de fabrication seront évalués en sucre raffiné dans les conditions fixées par l'article 18 de la loi du 19 juillet 1880.

Les quantités inventoriées seront, jusqu'à due concurrence, imputées aux obligations d'admission temporaire en cours, lesquelles seront apurées soit par la représentation de certificats d'exportation ou d'entrée en entrepôt postérieurs au 31 août 1903, soit par le payement du droit de vingt-cinq francs (25 fr.) par 100 kilogrammes de sucre raffiné.

Les obligations d'admission temporaire pour lesquelles il n'aura pas été représenté, au moment de l'inventaire, des quantités correspondantes de sucres raffinés ou de matières en cours de fabrication ne pourront être apurées qu'au moyen de certificats d'exportation ou d'entrée en entrepôt antérieurs au 1er septembre 1903 ou par le payement de l'ancien tarif sur les quantités de sucre raffiné prises en charge.

A titre exceptionnel, le délai d'apurement des obligations d'admission temporaire souscrites du 1er au 30 juin 1903 est porté de deux à trois mois.

Dans les quinze jours qui précéderont le 1er septembre 1903, les employés des douanes et des contributions indirectes seront admis de jour et de nuit dans les raffineries et établissements assimilés. Ils pourront suivre les opérations industrielles et procéder à toutes les constatations et vérifications préparatoires qu'ils jugeront nécessaires.

Pendant les opérations d'inventaire, le travail sera complètement arrêté dans les ateliers et magasins; les raffineurs ou assimilés ou leurs représentants auront, au fur et à mesure des opérations, à déclarer le poids et le titrage des produits de toute nature existant dans chaque atelier ou magasin.

ART. 7.

Quiconque voudra ajouter du sucre à la vendange est tenu d'en faire la déclaration, trois jours au moins à l'avance, à la recette buraliste des Contributions indirectes. La quantité de sucre ajoutée ne pourra pas être supérieure à dix kilogrammes (10 kilogr.) par trois hectolitres de vendanges.

Quiconque voudra se livrer à la fabrication de vin de sucre pour sa consommation familiale est tenu d'en faire la déclaration dans le même délai. La quantité de sucre employée ne pourra pas être supérieure à quarante kilogrammes (40 kilogr.) par membre de la famille et par domestique attaché à la personne, ni à quarante kilogrammes (40 kilogr.) par trois hectolitres de vendanges récoltées.

Toute personne qui, en même temps que des vendanges, moûts ou marcs de raisins, désire avoir en sa possession une quantité de sucre supérieure à 50 kilogrammes est tenue d'en faire préalablement la déclaration et de fournir des justifications d'emploi.

Le service des Contributions indirectes est chargé de contrôler l'exactitude des déclarations faites en exécution des dispositions ci-dessus.

Des règlements d'administration publique détermineront les conditions d'application du présent article.

Les contraventions aux dispositions qui précèdent et aux règlements qui seront rendus pour leur exécution sont punies des peines édictées par l'article 4 de la loi du 6 avril 1897. Ces peines sont doublées dans le cas de fabrication, de circulation ou de détention de vins de sucre en vue de la vente. S'il y a récidive, les contrevenants encourent, indépendamment de l'amende, une peine d'emprisonnement de six jours à six mois.

Les mêmes peines sont applicables aux complices des contrevenants.

La présente loi, délibérée et adoptée par le Sénat et la Chambre des députés, sera exécutée comme loi de l'État.

Fait à Paris, le 28 janvier 1903.

Signé : ÉMILE LOUBET.

Par le Président de la République :

Le Ministre des Finances,

Signé : ROUVIER.

Pour copie conforme :

Le Conseiller d'État, Directeur général,

Signé : COURTIN.

ANNEXE I.

2° **Loi portant approbation de la convention signée à Bruxelles, le 5 mars 1902, et relative au régime des sucres, ainsi que du protocole de clôture annexé à cette convention.**

(Insérée au *Journal officiel* du 29 janvier 1903.)

Le Sénat et la Chambre des députés ont adopté;

Le Président de la République promulgue la loi dont la teneur suit :

ARTICLE UNIQUE.

Le Président de la République française est autorisé à ratifier et, s'il y a lieu, à faire exécuter la convention signée à Bruxelles, le 5 mars 1902, et relative au régime des sucres, ainsi que le protocole de clôture annexé à cette convention.

Une copie authentique de ces documents demeurera annexée à la présente loi.

La présente loi, délibérée et adoptée par le Sénat et par la Chambre des députés, sera exécutée comme loi de l'État.

Fait à Paris, le 27 janvier 1903.

Signé : ÉMILE LOUBET.

Par le Président de la République :

Le Ministre des Affaires étrangères,
Signé : Delcassé.

Le Ministre des Finances,
Signé : Rouvier.

Pour copie conforme :

Le Conseiller d'État, Directeur général,
Signé : Courtin.

ANNEXE I.

3° Extrait de la loi de finances du 31 mars 1903.

(Insérée au *Journal officiel* du 31 mars 1903.)

ART. 32.

A partir du 1er septembre 1903, le droit sur les glucoses indigènes livrées à la consommation est fixé, décimes compris, à cinq francs soixante (5 fr. 60) par 100 kilogrammes de poids effectif.

Est interdit l'emploi de glucose dans la vinification, soit en première cuvée, soit pour la préparation d'un second vin par versement d'eau sur des marcs.

Sont applicables à la détention de glucose, dans les mêmes conditions et sous les mêmes peines, les dispositions concernant la détention du sucre qui font l'objet des paragraphes 3 et 4 de l'article 7 de la loi du 28 janvier 1903, sur le régime des sucres.

La fabrication, la circulation et la détention de vins glucosés sont punies des peines afférentes à la fabrication, à la circulation et à la détention des vins de sucre en vue de la vente.

Les peines encourues par les contrevenants sont également applicables à leurs complices.

ART. 33.

Les dispositions de l'article 5, dernier paragraphe, de la loi du 11 juillet 1891 sont applicables aux déclarations et aux constatations effectuées en exécution de l'article 7 de la loi du 28 janvier 1903.

ART. 34.

Par mesure transitoire, le déchet de fabrication, alloué aux sucres des colonies françaises par l'article 2 de la loi du 13 juillet 1886, sera alloué aux sucres expédiés de ces colonies postérieurement au 30 avril 1903 et antérieurement au 1er septembre de la même année, au vu des résultats de la vérification effectuée par la douane coloniale au moment de l'embarquement et d'après le poids net établi suivant la tare légale.

Les sucres de premier jet seront considérés comme titrant 97 degrés, ceux de deuxième jet 89 degrés et ceux de troisième jet 81 degrés.

Le bon d'enlèvement, établi sur ces bases, sera remis au consignataire désigné par l'exportateur, et ce consignataire devra prendre l'engagement cautionné de rembourser au Trésor la valeur du bon calculée à raison de 30 francs par 100 kilogrammes de sucre, pour le cas où les sucres ayant fait l'objet dudit bon ne seraient point parvenus en France le 31 décembre 1903.

Les conditions d'application du présent article seront déterminées par le Ministre des finances.

ART. 35.

Les articles 1 et 2 de la loi du 28 janvier 1903, à l'exception des dispositions relatives à la taxe de raffinage, sont applicables à la Corse. Le lait concentré, le lait sucré, les mélasses, les sirops, bonbons et fruits confits au sucre, les biscuits sucrés, les confitures au sucre et au miel acquitteront dans l'île les mêmes droits que sur le continent.

Pour extrait conforme :

Le Conseiller d'État, Directeur général,

Signé : COURTIN.

ANNEXE I.

4° Décret du 28 mai 1903 promulguant la Convention sucrière de Bruxelles et le protocole de clôture y annexé.

(Inséré au *Journal officiel* du 31 mai 1903.)

LE PRÉSIDENT DE LA RÉPUBLIQUE FRANÇAISE,

Sur la proposition du Ministre des affaires étrangères et du Ministre des finances,

DÉCRÈTE :

ARTICLE PREMIER.

Le Sénat et la Chambre des députés ayant approuvé la convention relative au régime des sucres conclue à Bruxelles, le 5 mars 1902, entre la France, l'Allemagne, l'Autriche-Hongrie, la Belgique, l'Espagne, la Grande-Bretagne, l'Italie, les Pays-Bas et la Suède, et les ratifications de cet acte ayant été déposées au Ministère des affaires étrangères de Belgique, le 1er février 1903, ladite convention dont la teneur suit ainsi que le protocole de clôture qui y est annexé recevront leur pleine et entière exécution à partir du 1er septembre 1903.

CONVENTION

RELATIVE AU RÉGIME DES SUCRES.

Le Président de la République française; Sa Majesté l'empereur d'Allemagne, roi de Prusse, au nom de l'empire allemand; Sa Majesté l'empereur d'Autriche, roi de Bohême, etc., et roi apostolique de Hongrie; Sa Majesté le roi des Belges; Sa Majesté le roi d'Espagne et, en son nom, Sa Majesté la reine régente du royaume; Sa Majesté le roi du royaume-uni de la Grande-Bretagne et d'Irlande et des possessions britanniques au delà des mers, empereur des Indes; Sa Majesté le roi d'Italie; Sa Majesté la reine des Pays-Bas; Sa Majesté le roi de Suède et de Norvège, désirant, d'une part, égaliser les conditions de la concurrence entre les sucres de betterave et les sucres de canne des différentes provenances et, d'autre part, aider au développement de la consommation du sucre :

Considérant que ce double résultat ne peut être atteint que par la suppression des primes et par la limitation de la surtaxe;

Ont résolu de conclure une convention à cet effet, et ont nommé pour leurs plénipotentiaires, savoir :

Le Président de la République française :

M. Gérard, envoyé extraordinaire et ministre plénipotentiaire près S. M. le roi des Belges;

M. Bousquet, ancien conseiller d'État, directeur général des douanes honoraire;

M. Delatour, conseiller d'État, directeur général de la Caisse des dépôts et consignations;

M. Courtin, conseiller d'État, directeur général des contributions indirectes au ministère des finances.

Sa Majesté l'empereur d'Allemagne, roi de Prusse, au nom de l'empire allemand :

M. le comte de Wallwitz, son envoyé extraordinaire et ministre plénipotentiaire près Sa Majesté le roi des Belges;

M. de Koerner, directeur au département impérial des affaires étrangères;

M. Kühn, conseiller intime supérieur du Gouvernement, conseiller rapporteur à l'office impérial du Trésor.

Sa Majesté l'empereur d'Autriche, roi de Bohême, etc., et roi apostolique de Hongrie :

Pour l'Autriche-Hongrie :

M. le comte Khevenhüller Metsch, son envoyé extraordinaire et ministre plénipotentiaire près Sa Majesté le roi des Belges;

Pour l'Autriche :

M. le baron Jorkasch-Koch, chef de section au ministère impérial et royal des finances;

Pour la Hongrie :

M. de Tœpke, sous-secrétaire d'État au ministère royal hongrois des finances.

Sa Majesté le roi des Belges :

M. le comte de Smet de Naeyer, ministre des finances et des travaux publics, chef de cabinet;

M. Capelle, envoyé extraordinaire et ministre plénipotentiaire, directeur général du commerce et des consulats au ministère des affaires étrangères;

M. Kebers, directeur général des douanes et accises au ministère des finances et des travaux publics;

M. de Smet, inspecteur général à l'Administration des Contributions directes, douanes et accises au Ministère des finances et des travaux publics.

M. Beauduin, membre de la chambre des représentants, industriel.

Sa Majesté le roi d'Espagne, et, en son nom, Sa Majesté la reine régente du royaume :

M. de Villa Urrutia, son envoyé extraordinaire et ministre plénipotentiaire près Sa Majesté le roi des Belges;

Sa Majesté le roi du royaume-uni de la Grande-Bretagne et d'Irlande et des possessions britanniques au delà des mers, empereur des Indes :

M. Constantine Phipps, C. B., son envoyé extraordinaire et ministre plénipotentiaire près Sa Majesté le roi des Belges;

Sir Henry Primrose, K. C. B.; C. S. I.;

Sir Henry Bergne, K. C. M. G.;

M. A. A. Pearson;

M. E. C. Ozanne.

Sa Majesté le roi d'Italie :

M. le commandeur Romeo Cantagalli, son envoyé extraordinaire et ministre plénipotentiaire près Sa Majesté le roi des Belges;

M. le commandeur Émile Maraini, député au Parlement italien, industriel.

Sa Majesté la reine des Pays-Bas :

M. le Jonkheer de Pestel, son envoyé extraordinaire et ministre plénipotentiaire près Sa Majesté le roi des Belges;

M. le baron J. d'Aulnis de Bourouill, docteur en droit, professeur à l'université d'Utrecht;

M. G. Eschauzier, industriel à la Haye;

M. A. van Rossum, industriel à Haarlem.

S. M. le roi de Suède et de Norvège :

Pour la Suède :

M. le comte Wrangel, son envoyé extraordinaire et ministre plénipotentiaire près Sa Majesté le roi des Belges;

M. Charles Tranchell, industriel;

Lesquels, après s'être communiqué leurs pleins pouvoirs respectifs, trouvés en bonne et due forme, sont convenus des articles suivants :

ARTICLE PREMIER.

Les hautes Parties contractantes s'engagent à supprimer, à dater de la mise en vigueur de la présente convention, les primes directes et indirectes dont bénéficieraient la production ou l'exportation des sucres, et à ne pas établir de primes de l'espèce pendant toute la durée de ladite convention. Pour l'application de cette disposition sont assimilés au sucre les produits sucrés tels que confitures, chocolats, biscuits, lait condensé et tous autres produits analogues contenant en proportion notable du sucre incorporé artificiellement.

Tombent sous l'application de l'alinéa précédent, tous les avantages résultant directement ou indirectement, pour les diverses catégories de producteurs, de la législation fiscale des États, notamment :

a) Les bonifications directes accordées en cas d'exportation;

b) Les bonifications directes accordées à la production;

c) Les exemptions d'impôt, totales ou partielles, dont bénéficie une partie des produits de la fabrication;

d) Les bénéfices résultant d'excédents de rendement;

e) Les bénéfices résultant de l'exagération du drawback;

f) Les avantages résultant de toute surtaxe d'un taux supérieur à celui fixé par l'article 3.

ART. 2.

Les Hautes Parties contractantes s'engagent à soumettre au régime d'entrepôt, sous la surveillance permanente de jour et de nuit des employés du fisc, les fabriques et les raffineries de sucre, ainsi que les usines dans lesquelles le sucre est extrait des mélasses.

A cette fin, les usines seront aménagées de manière à donner toute garantie contre l'enlèvement clandestin des sucres, et les employés auront la faculté de pénétrer dans toutes les parties des usines.

Des livres de contrôle seront tenus concernant une ou plusieurs phases de la fabrication, et les sucres achevés seront déposés dans des magasins spéciaux offrant toutes les garanties désirables de sécurité.

ART. 3.

Les Hautes Parties contractantes s'engagent à limiter au chiffre maximum de 6 francs par 100 kilogrammes pour le sucre raffiné et les sucres assimilables au raffiné, et de 5 fr. 50 pour les autres sucres, la surtaxe, c'est-à-dire l'écart entre le taux des droits ou taxes dont sont passibles les sucres étrangers et celui des droits ou taxes auxquels sont soumis les sucres nationaux.

Cette disposition ne vise pas le taux des droits d'entrée dans les pays qui ne produisent pas de sucre; elle n'est pas non plus applicable aux sous-produits de la fabrication et du raffinage du sucre.

ART. 4.

Les Hautes Parties contractantes s'engagent à frapper d'un droit spécial à l'importation sur leur territoire, les sucres originaires de pays qui accorderaient des primes à la production ou à l'exportation.

Ce droit ne pourra être inférieur au montant des primes, directes ou indirectes, accordées dans le pays d'origine. Les hautes parties se réservent la faculté, chacune en ce qui la concerne, de prohiber l'importation des sucres primés.

Pour l'évaluation du montant des avantages résultant éventuellement de la surtaxe spécifiée au littera *f* de l'article 1er, le chiffre fixé par l'article 3 est déduit du montant de cette surtaxe : la moitié de la différence est réputée représenter la prime, la commission permanente instituée par l'article 7 ayant le droit, à la demande d'un État contractant, de reviser le chiffre ainsi établi.

ART. 5.

Les Hautes Parties contractantes s'engagent réciproquement à admettre, au taux le plus réduit de leur tarif d'importation, les sucres originaires soit des États contractants, soit de celles des colonies ou possessions desdits États qui n'accordent pas de primes et auxquelles s'appliquent les obligations de l'article 8.

Les sucres de canne et les sucres de betterave ne pourront être frappés de droits différents.

ART. 6.

L'Espagne, l'Italie et la Suède seront dispensées des engagements faisant l'objet des articles 1, 2 et 3, aussi longtemps qu'elles n'exporteront pas de sucre.

Ces États s'engagent à adapter leur législation sur le régime des sucres aux dispositions de la convention dans le délai d'une année — ou plus tôt si faire se peut — à partir du moment où la commission permanente aura constaté que la condition indiquée ci-dessus a cessé d'exister.

ART. 7.

Les Hautes Parties contractantes conviennent de créer une commission permanente, chargée de surveiller l'exécution des dispositions de la présente convention.

Cette commission sera composée de délégués des divers États contractants et il lui sera adjoint un bureau permanent. La commission choisit son président; elle siégera à Bruxelles et se réunira sur la convocation du président.

Les délégués auront pour mission :

a) De constater si, dans les États contractants, il n'est accordé aucune prime directe ou indirecte à la production ou à l'exportation des sucres;

b) De constater si les États visés à l'article 6 continuent à se conformer à la condition spéciale prévue audit article;

c) De constater l'existence des primes dans les États non signataires et d'en évaluer le montant en vue de l'application de l'article 4;

d) D'émettre un avis sur les questions litigieuses;

e) D'instruire les demandes d'admission à l'union des États qui n'ont point pris part à la présente convention.

Le bureau permanent sera chargé de rassembler, de traduire, de coordonner et de publier les renseignements de toute nature qui se rapportent à la législation et à la statistique des sucres, non seulement dans les États contractants, mais également dans les autres États.

Pour assurer l'exécution des dispositions qui précèdent, les Hautes Parties contractantes communiqueront par la voie diplomatique au gouvernement belge, qui les fera parvenir à la commission, les lois, arrêtés et règlements sur l'imposition des sucres qui sont ou seront en vigueur dans leurs pays respectifs, ainsi que les renseignements statistiques relatifs à l'objet de la présente convention.

Chacune des hautes parties contractantes pourra être représentée à la commission par un délégué ou par un délégué et des délégués adjoints.

L'Autriche et la Hongrie seront considérées séparément comme parties contractantes.

La première réunion de la commission aura lieu à Bruxelles, à la diligence du gouvernement belge, trois mois au moins avant la mise en vigueur de la présente convention.

La commission n'aura qu'une mission de constatation et d'examen. Elle fera, sur toutes les questions qui lui seront soumises, un rapport qu'elle adressera au gouvernement belge, lequel le communiquera aux États intéressés et provoquera, si la demande en est faite par une des hautes parties contractantes, la réunion d'une conférence qui arrêtera les résolutions ou les mesures nécessités par les circonstances.

Toutefois, les constatations et évaluations visées aux littéras *b* et *c* auront un caractère exécutoire pour les États contractants; elles seront arrêtées par un vote de majorité, chaque État contractant disposant d'une voix, et elles sortiront leurs effets au plus tard à l'expiration du délai de deux mois. Au cas où l'un des États contractants croirait devoir faire appel d'une décision de la commission, il devra, dans la huitaine de la notification qui lui sera faite de ladite décision, provoquer une nouvelle délibération de la commission; celle-ci se réunira d'urgence et statuera définitivement dans le délai d'un mois à dater de l'appel. La nouvelle décision sera exécutoire, au plus tard, dans les deux mois de sa date. — La même procédure sera suivie en ce qui concerne l'instruction des demandes d'admission prévue au littéra *e*.

Les frais résultant de l'organisation et du fonctionnement du bureau permanent et de la commission — sauf le traitement ou les indemnités des délégués, qui seront payés par leurs pays respectifs — seront supportés par tous les États contractants et répartis entre eux d'après un mode à régler par la commission.

ART. 8.

Les hautes parties contractantes s'engagent, pour elles et pour leurs colonies ou possessions, exception faite des colonies autonomes de la Grande-Bretagne et des Indes orientales britanniques, à prendre les mesures nécessaires pour empêcher que les sucres primés qui auront traversé en transit le territoire d'un État contractant ne jouissent des avantages de la convention sur le marché destinataire. La commission permanente fera à cet égard les propositions nécessaires.

ART. 9.

Les États qui n'ont point pris part à la présente convention seront admis à y adhérer sur leur demande et après avis conforme de la commission permanente.

La demande sera adressée par la voie diplomatique au gouvernement belge, qui se chargera, le cas échéant, de notifier l'adhésion à tous les autres gouvernements. L'adhésion emportera, de plein droit, accession à toutes les charges et admission à tous les avantages stipulés par la présente convention, et elle produira ses effets à partir du 1er septembre qui suivra l'envoi de la notification faite par le gouvernement belge aux autres États contractants.

ART. 10.

La présente convention sera mise à exécution à partir du 1er septembre 1903.

Elle restera en vigueur pendant cinq années à partir de cette date, et, dans le cas où aucune des hautes parties contractantes n'aurait notifié au gouvernement belge, douze mois avant l'expiration de ladite période de cinq années, son intention d'en faire cesser les effets, elle continuera à rester en vigueur pendant une année, et ainsi de suite d'année en année.

Dans le cas où l'un des États contractants dénoncerait la convention, cette dénonciation n'aurait d'effet qu'à son égard; les autres États conserveraient, jusqu'au 31 octobre de l'année de la dénonciation, la faculté de notifier l'intention de se retirer également à partir du 1er septembre de l'année suivante. Si l'un de ces derniers États entendait user de cette faculté, le gouvernement belge provoquerait la réunion à Bruxelles, dans les trois mois, d'une conférence qui aviserait aux mesures à prendre.

ART. 11.

Les dispositions de la présente convention seront appliquées aux provinces d'outre-mer, colonies et possessions étrangères des hautes parties contractantes. Sont exceptées toutefois les colonies et possessions britanniques et néerlandaises, sauf en ce qui concerne les dispositions faisant l'objet des articles 5 et 8.

La situation des colonies et possessions britanniques et néerlandaises est, pour le surplus, déterminée par les déclarations insérées au protocole de clôture.

ART. 12.

L'exécution des engagements réciproques contenus dans la présente convention est subordonnée, en tant que besoin, à l'accomplissement des formalités et règles établies par les lois constitutionnelles de chacun des États contractants.

La présente convention sera ratifiée, et les ratifications en seront déposées à Bruxelles, au Ministère des affaires étrangères, le 1er février 1903, ou plus tôt si faire se peut.

Il est entendu que la présente convention ne deviendra obligatoire de plein droit que si elle est ratifiée au moins par ceux des États contractants qui ne sont pas visés par la disposition exceptionnelle de l'article 6. Dans le cas où un ou plusieurs desdits États n'auraient pas déposé leurs ratifications dans le délai prévu, le gouvernement belge provoquera immédiatement une décision des autres États signataires, quant à la mise en vigueur, entre eux seulement, de la présente convention.

En foi de quoi les plénipotentiaires respectifs ont signé la présente convention.

Fait à Bruxelles, en un seul exemplaire, le 5 mars 1902.

Pour la France :

(*L. S.*) Signé : A. GÉRARD.
(*L. S.*) Signé : BOUSQUET.
(*L. S.*) Signé : A. DELATOUR.
(*L. S.*) Signé : COURTIN.

Pour l'Allemagne :

(*L. S.*) Signé : Graf VON WALLWITZ.
(*L. S.*) Signé : VON KOERNER.
(*L. S.*) Signé : KÜHN.

Pour l'Autriche-Hongrie :

(*L. S.*) Signé : Comte DE KHEVENHÜLLER.

Pour l'Autriche :

(*L. S.*) Signé : JORKASCH-KOCH.

Pour la Hongrie :

(*L. S.*) Signé : TOEPKE ALFRED.

Pour la Belgique :

(*L. S.*) Signé : Comte DE SMET DE NAEYER.
(*L. S.*) Signé : CAPELLE.
(*L. S.*) Signé : KEBERS.
(*L. S.*) Signé : D. DE SMET.
(*L. S.*) Signé : BEAUDUIN.

Pour l'Espagne :

(*L. S.*) Signé : W. R. DE VILLA URRUTIA.

Pour la Grande-Bretagne :

(*L. S.*) Signé : CONSTANTINE PHIPPS.
(*L. S.*) Signé : H. W. PRIMROSE.
(*L. S.*) Signé : H. G. BERGNE.
(*L. S.*) Signé : ARTHUR A. PEARSON.
(*L. S.*) Signé : E. C. OZANNE.

Pour l'Italie :

(*L. S.*) Signé : R. CANTAGALLI.
(*L. S.*) Signé : EMILIO MARAINI.

Pour les Pays-Bas :

(*L. S.*) Signé : R. DE PESTEL.
(*L. S.*) Signé : J. D'AULNIS DE BOUROUILL.
(*L. S.*) Signé : G. ESCHAUZIER.
(*L. S.*) Signé : A. VAN ROSSUM.

Pour la Suède :

(*L. S.*) Signé : Comte WRANGEL.
(*L. S.*) Signé : C. TRANCHELL.

PROTOCOLE DE CLÔTURE.

Au moment de procéder à la signature de la convention relative au régime des sucres conclue, à la date de ce jour, entre les gouvernements de la France, de l'Allemagne, de l'Autriche et de la Hongrie, de la Belgique, de l'Espagne, de la Grande-Bretagne, de l'Italie, des Pays-Bas et de la Suède, les plénipotentiaires soussignés sont convenus de ce qui suit :

A l'article 3.

Considérant que le but de la surtaxe est de protéger efficacement le marché intérieur des pays producteurs, les Hautes Parties contractantes se réservent la faculté, chacune en ce qui la concerne, de proposer un relèvement de la surtaxe dans le cas où des quantités considérables de sucres originaires d'un État contractant pénétreraient chez elles; ce relèvement ne frapperait que les sucres originaires de cet État.

La proposition devra être adressée à la commission permanente, laquelle statuera à bref délai, par un vote de majorité, sur le bien fondé de la mesure proposée, sur la durée de son application et sur le taux du relèvement; celui-ci ne dépassera pas 1 franc par 100 kilogrammes.

L'adhésion de la commission ne pourra être donnée que dans le cas où l'envahissement du marché considéré serait la conséquence d'une réelle infériorité économique et non le résultat d'une élévation factice des prix provoquée par une entente entre producteurs.

A l'article 11.

A. — 1° Le gouvernement de la Grande Bretagne déclare qu'aucune prime directe ou indirecte ne sera accordée aux sucres des colonies de la couronne pendant la durée de la convention.

2° Il déclare aussi, par mesure exceptionnelle et tout en réservant, en principe, son entière liberté d'action en ce qui concerne les relations fiscales entre le Royaume-Uni et ses colonies et possessions, que, pendant la durée de la convention, aucune préférence ne sera accordée dans le Royaume-Uni aux sucres coloniaux vis-à-vis des sucres originaires des États contractants.

3° Il déclare enfin que la convention sera soumise par ses soins aux colonies autonomes et aux Indes orientales pour qu'elles aient la faculté d'y donner leur adhésion.

Il est entendu que le gouvernement de Sa Majesté britannique a la faculté d'adhérer à la convention au nom des colonies de la couronne.

B. — Le gouvernement des Pays-Bas déclare que, pendant la durée de la convention, aucune prime directe ou indirecte ne sera accordée aux sucres des colonies néerlandaises et que ces sucres ne seront pas admis dans les Pays-Bas à un tarif moindre que celui appliqué aux sucres originaires des États contractants.

Le présent protocole de clôture, qui sera ratifié en même temps que la convention conclue à la date de ce jour, sera considéré comme faisant partie intégrante de cette convention et aura même force, valeur et durée.

En foi de quoi, les plénipotentiaires soussignés ont dressé le présent protocole.

Fait à Bruxelles, le 5 mars 1902.

Pour la France :

(*L. S.*) Signé : A. Gérard.

(*L. S.*) Signé : Bousquet.

(*L. S.*) Signé : A. Delatour.

(*L. S.*) Signé : Courtin.

Pour l'Allemagne :

(*L. S.*) Signé : Graf Von Wallwitz.

(*L. S.*) Signé : Von Koerner.

(*L. S.*) Signé : Kühn.

Pour l'Autriche-Hongrie :

(*L. S.*) Signé : Comte de Khevenhüller.

Pour l'Autriche :

(*L. S.*) Signé : Jorkasch-Koch.

Pour la Hongrie

(*L. S.*) Signé : TOEPKE ALFRED.

Pour la Belgique :

(*L. S.*) Signé : Comte DE SMET DE NAEYER.
(*L. S.*) Signé : CAPELLE.
(*L. S.*) Signé : KEBERS.
(*L. S.*) Signé : D. DE SMET.
(*L. S.*) Signé : BEAUDUIN.

Pour l'Espagne :

(*L. S.*) Signé : W. R. DE VILLA URRUTIA.

Pour la Grande-Bretagne :

(*L. S.*) Signé : CONSTANTINE PHIPPS.
(*L. S.*) Signé : H. W. PRIMROSE.
(*L. S.*) Signé : H. G. BERGNE.
(*L. S.*) Signé : ARTHUR A. PEARSON.
(*L. S.*) Signé : E. C. OZANNE.

Pour l'Italie :

(*L. S.*) Signé : R. CANTAGALLI.
(*L. S.*) Signé : EMILIO MARAINI.

Pour les Pays-Bas :

(*L. S.*) Signé : R. DE PESTEL.
(*L. S.*) Signé : J. D'AULNIS DE BOUROUILL.
(*L. S.*) Signé : G. ESCHAUZIER.
(*L. S.*) Signé : A. VAN ROSSUM.

Pour la Suède :

(*L. S.*) Signé : Comte WRANGEL.
(*L. S.*) Signé : C. TRANCHELL.

ART. 2.

Le Ministre des affaires étrangères et le Ministre des finances sont chargés, chacun en ce qui le concerne, de l'exécution du présent décret.

Fait à Paris, le 28 mai 1903.

Signé : ÉMILE LOUBET.

Par le Président de la République :

Le Ministre des affaires étrangères,
Signé : DELCASSÉ.

Le Ministre des finances,
Signé : ROUVIER.

Pour copie conforme :

Le Conseiller d'État, Directeur général,
Signé : COURTIN.

ANNEXE II.

Texte des lois et règlements antérieurs à 1903.

NOTA. — Les textes des lois et règlements antérieurs à 1903 sont imprimés sur deux colonnes :

La première colonne contient les dispositions considérées comme maintenues ou remises en vigueur (on a imprimé en italique la partie de ces dispositions qui demeure sans effet sous le nouveau régime);

La deuxième colonne comprend les dispositions qui paraissent incompatibles avec la nouvelle législation ou qui n'ont plus de raison d'être.

Dispositions maintenues.	Dispositions abrogées.

LOI DU 27 FÉVRIER 1832. (DOUANES.)

ART. 10.

Les villes qui demanderont l'établissement d'un entrepôt devront pourvoir à la dépense spéciale nécessitée par la création et le service desdits entrepôts, tant pour les bâtiments que pour les salaires des employés chargés des écritures, de la garde, de la surveillance et de la perception, et généralement à tous les frais occasionnés par lesdits entrepôts.

Ces villes jouiront des droits de magasinage dans l'entrepôt, conformément aux tarifs qui seront concertés avec les chambres de commerce, et approuvés par le Gouvernement.

Elles pourront faire concession temporaire de ces droits, avec concurrence et publicité, à des adjudicataires qui se chargeraient de la dépense du local, de la construction et de l'entretien des bâtiments, ainsi que de toutes les autres charges de l'entrepôt.

Le commerce représenté par la chambre de commerce du lieu, pourra, sur le refus du conseil municipal, se charger de remplir les mêmes obligations, au moyen d'une association d'actionnaires qui sera constituée en société anonyme.

. . . .

Disposition applicable à la création des entrepôts réels de sucres indigènes; voir l'article 21 de la loi du 31 mai 1846.

Dispositions maintenues. | Dispositions abrogées.

LOI DU 5 JUILLET 1836.

. . . .

ART. 5.

Des ordonnances royales pourront autoriser, sauf révocation en cas d'abus, l'importation temporaire des produits étrangers destinés à être fabriqués ou à recevoir en France un complément de main-d'œuvre, et que l'on s'engagera à réexporter, ou à rétablir en entrepôt, dans un délai qui ne pourra excéder six mois, et en remplissant les formalités et les conditions qui seront déterminées.

Dans le cas où la réexportation ou la mise en entrepôt ne sera pas effectuée dans le délai ou sous les conditions déterminées, le soumissionnaire sera tenu au payement d'une amende égale au quadruple des droits des objets importés, ou au quadruple de leur valeur, selon qu'ils seront ou non prohibés et il ne sera plus admis à jouir du bénéfice du présent article.

LOI DU 18 JUILLET 1837.

ARTICLE PREMIER.

Il sera perçu par la régie des contributions indirectes, sur les sucres indigènes, savoir :

1° Un droit de licence de 50

ARTICLE PREMIER.

. . . .

Le rendement moyen du sucre brut au clairçage, terrage et raffinage, sera déterminé par un règlement d'adminis-

Dispositions maintenues. | **Dispositions abrogées.**

Loi du 18 juillet 1837 (Suite.)

francs (1) par chaque établissement de fabrication de sucre indigène;

2° Un droit principal de *15 francs par 100 kilogrammes de sucre brut.*

. . . .

tration publique qui sera converti en loi à la prochaine session. La quotité d'impôt à laquelle les sucres claircés, terrés et raffinés seront assujettis sera fixée proportionnellement à ce rendement.

ART. 2.

Les droits établis par l'article précédent seront perçus aux époques suivantes :

Le droit de licence à partir du 1er janvier 1838 ;

Le droit sur la fabrication, à raison de 10 francs, à partir du 1er juillet 1838 et de 15 francs à partir du 1er juillet 1839.

ART. 3.

La perception de cet impôt s'effectuera par la voie de l'exercice, au lieu même de la fabrication.

Des ordonnances royales, rendues dans la forme des règlements d'administration publique, déterminerons le mode de cette perception.

. . . .

ART. 3.

. . . .

Les contraventions aux dispositions de la présente loi et des ordonnances qui en règleront l'exécution seront punies d'une amende de 100 à 600 francs.

Ces ordonnances devront être converties en loi dans la prochaine session.

(1) Le prix de la licence a été porté à 125 francs décimes compris, par les articles 6 de la loi du 1er septembre 1871 et 2 de la loi du 30 décembre 1873.

Dispositions maintenues. | Dispositions abrogées.

LOI DU 2 JUILLET 1843.

. . . .

ART. 5.

Les droits établis sur les sucres indigènes seront appliqués aux glucoses granulées présentant l'apparence des sucres cristallisables.

ORDONNANCE DU 7 AOÛT 1843.

ART. 4.

Il sera ouvert à Paris, sous la surveillance de l'Administration des Contributions indirectes, un entrepôt réel pour les sucres indigènes.

Les fabricants qui voudront être dispensés de payer, au départ, les droits sur les sucres provenant de leur fabrication, seront tenus de se munir d'un acquit à caution à destination dudit entrepôt.

A la sortie des sucres de l'entrepôt, ou après un séjour de trois ans, les droits seront acquittés comme ils l'auraient été en fabrique.

La désignation du local où l'établissement de l'entrepôt spécial des sucres indigènes sera autorisé, ainsi que le règlement sur son régime intérieur, seront soumis à l'approbation de notre Ministre des finances.

Dispositions maintenues. | **Dispositions abrogées.**

LOI DU 31 MAI 1846.

ARTICLE PREMIER.

Les droits imposés sur le sucre indigène cristallisable, par la loi du 2 juillet 1843, seront appliqués au moyen de types choisis par le Ministre de l'agriculture et du commerce, sur l'avis de la Chambre de commerce de Paris, à laquelle seront adjoints, pour cet effet, deux membres des Chambres de commerce de Lille et de Valenciennes et deux membres des Chambres de Commerce des grands ports commerciaux.

ART. 2.

Les deux premiers types seront semblables aux types aujourd'hui admis.

On déterminera de la même manière, et par des échantillons, les sucres auxquels s'appliquera la désignation de la même loi, sucres en pains inférieurs aux mélis ou 4 cassons. Ne seront considérés comme raffinés, et compris à ce titre dans la prohibition rappelée par l'article 3 de la loi précitée, que les sucres coloniaux de qualité semblable à ceux auxquels s'appliquerait la surtaxe de trois dixièmes.

ART. 3.

Nul ne pourra fabriquer du sucre, préparer ou concentrer des jus ou sirops cristallisables, qu'après avoir fait, au bureau de la régie des contributions indirectes, une déclaration

Dispositions maintenues. | **Dispositions abrogées.**

LOI DU 31 MAI 1846. (*Suite.*)

présentant la description de la fabrique et indiquant le nombre et la capacité des vaisseaux de toute espèce destinés à contenir des jus, sucres, sirops, mélasses et autres matières saccharines.

[Cette déclaration peut être faite aux employés chargés de la surveillance (art. 4 du décret du 1er septembre 1852.]

ART. 4.

Tout fabricant de sucre sera tenu, avant de commencer ses travaux, de se munir d'une licence qui ne sera valable que pour un seul établissement, et pour l'année dans laquelle elle aura été délivrée.

Le prix de la licence, fixé à *50 francs en principal*(1), sera exigible, en entier, à quelque époque de l'année que soit faite la déclaration.

ART. 5.

Les principales opérations de la fabrication seront consignées sur des registres que devra remplir le fabricant, dans la forme qui sera déterminée par un règlement d'administration publique.

(1) Le prix de la licence est actuellement de 125 francs (art. 6 de la loi du 1er septembre 1871 et 2 de la loi du 30 décembre 1873).

Dispositions maintenues. **Dispositions abrogées.**

LOI DU 31 MAI 1846. (Suite.)

ART. 6.

Les fabricants sont soumis aux visites et vérifications des employés de la régie des contributions indirectes, conformément aux articles 235 et 236 de la loi du 28 avril 1816, et tenus de leur ouvrir, à toute réquisition, leurs fabriques, ateliers, magasins, greniers, maisons, caves et celliers, et tous autres bâtiments enclavés dans la même enceinte que la fabrique ou y attenant, ainsi que de leur représenter les sucres, sirops, mélasses et autres matières saccharifères qu'ils auront en leur possession.

ART. 7.

Les employés tiendront, pour chaque fabrique, un compte des produits de la fabrication, tant en jus et sirops qu'en sucres achevés ou imparfaits.

Les charges en seront calculées, au minimum, sur la quantité et la densité des jus soumis à la défécation, à raison de *1,400 grammes* de sucre *au 1er type* pour 100 litres de jus et par chaque degré du densimètre au-dessus de 100°, densité de l'eau, reconnus avant la défécation à la température de 15 degrés centigrades; les fractions au-dessous d'un dixième de degré seront négligées.

Le volume du jus soumis à la défé-

Dispositions maintenues. | **Dispositions abrogées.**

LOI DU 31 MAI 1846. (Suite.)

cation sera évalué d'après la contenance des chaudières, déduction faite de 10 p. 100.

ART. 8.

Il sera fait, avant la reprise et après la cessation des travaux de chaque campagne, ainsi qu'à la fin des défécations, un inventaire général des produits de la fabrication.

Les quantités de sucre excédant le résultat de la balance du compte seront ajoutées aux charges; le droit sera dû sur les quantités manquantes.

Voir le décret du 7 janvier 1860 qui autorise le Ministre des finances à accorder décharge de ces manquants.

ART. 9.

Indépendamment des inventaires prescrits par l'article précédent, les employés pourront, à des époques indéterminées, arrêter la situation du compte particulier des sucres achevés et, à cet effet, vérifier, par la pesée, les quantités existant dans la fabrique.

Si le résultat de cette vérification fait ressortir un excédent, cet excédent sera saisi; les manquants seront admis jusqu'à concurrence de 3 p. 100 des quantités prises en charge; le surplus sera compris dans le décompte du mois et soumis au droit.

Dispositions maintenues. | **Dispositions abrogées.**

LOI DU 31 MAI 1846. (Suite.)

Le déchet éprouvé par les sucres en pains mis à l'étuve sera admis en entier, lorsqu'il ne dépassera pas 8 p. 100.

Abrogé par l'article 44 du décret du 1er septembre 1852, et remplacé par l'article 19 de ce décret.

ART. 10.

Il ne pourra être introduit de sucres *indigènes* ou exotiques, *de sucres imparfaits*, sirops ou *mélasses*, dans les fabriques (1).

Les résidus des établissements, après cessation complète de l'exploitation, sont seuls exceptés.

Néanmoins, le fabricant raffineur pourra recevoir des sucres indigènes ou exotiques achevés et libérés d'impôt, *quand sa fabrication de l'année sera terminée, et après l'enlèvement de tous les sucres et de tous les bas produits existant dans la fabrique.*

La fabrication de l'année suivante ne pourra être reprise qu'après l'enlèvement tous les produits de la raffinerie (2).

---

(1) Les fabricants peuvent recevoir en tout temps des sucres bruts et des mélasses indigènes libérés ou non libérés d'impôt (art. 8 du décret du 31 juillet 1884).

(2) Voir l'article 25 du décret du 1er septembre 1852 et l'article 2 du décret du 17 avril 1858.

Dispositions maintenues.	Dispositions abrogées.

Loi du 31 mai 1846. (Suite.)

ART. 11.

Les sucres imparfaits, sirops et *mélasses* (1), ne pourront être enlevés d'une fabrique que dans le cas prévu par le deuxième paragraphe de l'article précédent.

Néanmoins l'enlèvement des mélasses épuisées à destination des distilleries continuera d'être autorisé, même lorsqu'il n'y aura pas cessation des travaux de la fabrique (2).

(1) Les mélasses peuvent être enlevées, en toute circonstance, à destination d'une autre fabrique (art. 8 du décret du 31 juillet 1884).

(2) L'enlèvement des mélasses est également autorisé à destination des établissements soumis à l'exercice en vertu du 1er paragraphe de l'article 3 du décret-loi du 27 mars 1852; voir l'article 13 du décret du 31 juillet 1884.

ART. 12.

Lors des inventaires et dans le cas de cession des résidus d'une fabrique qui cessera d'être exploitée, la quantité de sucre au 1er type contenu dans les sucres, sirops et mélasses, sera évaluée de gré à gré. Si la régie et le fabricant ne peuvent s'accorder pour cette évaluation, il y sera, sur le vu des échantillons, procédé à Paris par trois experts agissant en commun et dont deux seront nommés par les parties, et le troisième par le président du tribunal de première instance de la Seine.

Les frais d'expertise seront à la charge de la Régie ou du fabricant, suivant que la prétention de l'un ou de l'autre aura été reconnue mal fondée.

Abrogé par l'article 44 du décret du 1er septembre 1852, et remplacé par l'article 20 de ce décret. Voir l'article 4 du décret-loi du 27 mars 1852.

Dispositions maintenues. **Dispositions abrogées.**

LOI DU 31 MAI 1846. (Suite.)

ART. 13.

Les sucres achevés pourront être déposés, avec mention de payement du droit, dans des magasins appartenant au fabricant, dans la commune où est située la fabrique, ou dans les communes limitrophes, et dont il aura fait la déclaration régulière.

Le compte de ces magasins sera suivi comme ceux de la fabrique, et les mêmes formalités seront observées pour les entrées comme pour les sorties.

Abrogé par l'article 44 du décret du 1er septembre 1852 et remplacé par l'article 16 de ce décret.

ART. 14.

Seront saisis tous les sucres, sirops et mélasses recélés dans la fabrique ou ses dépendances, ainsi que ceux appartenant aux fabricants qui seraient trouvés dans des magasins ou dépôts non déclarés, soit dans la commune où est située la fabrique, soit dans les communes limitrophes.

ART. 15.

Les sucres indigènes ou exotiques, libérés ou non libérés d'impôt, les jus, les sirops et les mélasses, seront accompagnés, à la circulation, d'un acquit-à-caution dans l'étendue de

Dispositions maintenues.

Dispositions abrogées.

LOI DU 31 MAI 1846. (Suite.)

tout arrondissement où il existera une fabrique de sucre, et dans les cantons limitrophes de cet arrondissement (1).

Les cantons composés de fractions d'une même ville seront, ainsi que les parties rurales qui en dépendent, considérés comme ne formant qu'un seul canton.

Toutefois, le transport des quantités de sucre de toute nature, de 20 à 50 kilogrammes, enlevé de chez les marchands en détail, pourra être effectué avec un simple laissez-passer (1).

Au-dessous de 20 kilogrammes, les quantités qui ne seront enlevées ni des fabriques, ni des magasins d'un fabricant pourront circuler sans expédition.

ART. *16*.

La circulation des sucres raffinés, en pains ou candis, libérés d'impôt, enlevés de tout autre lieu qu'une fabrique ou un magasin appartenant à un fabricant, aura lieu sans acquit-à-caution.

Abrogé par l'article 6 du décret-loi du 27 mars 1852.

(1) La circulation des sucres raffinés qui ne sortent pas d'une fabrique a lieu en vertu d'un laissez-passer; il en est de même pour les sucres en poudre, quand la quantité expédiée ne dépasse pas 1,000 kilogrammes par mois et par destinataire (art. 37 du décret du 1er septembre 1852).

Dispositions maintenues. **Dispositions abrogées.**

LOI DU 31 MAI 1846. (Suite.)

ART. 17.

La circulation des sucres de toute espèce, et quelle qu'en soit l'origine, demeurera affranchie de toute formalité dans l'intérieur des villes assujetties à un droit sur les boissons au profit du Trésor, perçu à l'effectif aux entrées, et dans lesquelles il n'y aura pas de fabrique de sucre, sans préjudice des obligations imposées à la circulation dans le rayon des douanes.

ART. 18.

Les voituriers, bateliers et tous autres qui conduiront des chargements de sucre seront tenus d'exhiber, sur tous les points soumis à la surveillance, conformément aux articles précédents, et à l'instant même de la réquisition des employés des contributions indirectes, des douanes ou des octrois, les expéditions de la Régie dont ils devront être porteurs.

ART. 19.

Tout ce qui concerne les acquits à caution délivrés pour le transport des sucres, sirops et mélasses, sera réglé suivant les dispositions de la loi du 22 août 1791.

Toutefois, la peine encourue en cas de non rapport du certificat de décharge d'un acquit à caution ne

Dispositions maintenues. | Dispositions abrogées.

LOI DU 31 MAI 1846. (Suite.)

sera que du simple droit, à titre d'amende, au lieu du double, lorsque déjà un droit aura été payé par l'expéditeur ou constaté à son compte.

Le coût de chaque acquit à caution sera *de 25 centimes, timbre compris* (1).

ART. 20.

Dans le cas où les colis de sucre devront être plombés, l'expéditeur remboursera les frais de cette opération, au taux qui sera déterminé par le Ministre des finances.

Voir l'article 26 du décret du 1er septembre 1852.

ART. 21.

Il sera établi des entrepôts réels pour les sucres dans les villes de Paris et de Lille.

Les frais de perception et de surveillance de ces entrepôts sont à la charge de l'État, conformément à l'article 2 de la loi du 10 août 1839.

Il pourra en être établi dans toutes les villes qui en feront la demande, en prenant l'engagement de pourvoir à tous les frais, conformément à l'article 10 de la loi du 27 février 1832.

(1) 50 centimes (art. 1er de la loi du 30 décembre 1873).

Dispositions maintenues.

Loi du 31 mai 1846. (Suite.)

ART. 22.

Les fabricants de glucoses sont soumis aux obligations imposées aux fabricants de sucre de betteraves, par les articles 3, 4, 5, 6, 13 et 14 de la présente loi.

....

ART. 23.

Les dispositions des articles 15, 17, 18, 19 et 20 de la présente loi, concernant la surveillance à la circulation des sucres cristallisables, sont applicables aux glucoses granulées.

Pour les glucoses à l'état de sirop ou à l'état concret, cette surveillance ne s'exercera que dans un rayon de mille mètres autour de la fabrique.

Dispositions abrogées.

ART. 22.

....

Sont compris sous la dénomination de glucoses, et assujettis au droit de 2 francs (1) par 100 kilogrammes, fixé par la loi du 2 juillet 1843, tous les produits saccharins non cristallisables, quelle que soit la matière première dont ils seront extraits, lorsque ces produits seront concentrés à 25 degrés, ou exportés hors de la fabrique où ils ont été confectionnés.

ART. 24.

Les fabricants de sucres cristallisables ou de glucoses payeront, chaque

(1) *Modifié par l'article 4 de la loi du 8 juillet 1871, pour la quotité du droit, et par l'article 23 de la loi du 19 juillet 1880, pour la définition des glucoses imposables.*

Dispositions maintenues. — Dispositions abrogées.

Loi du 31 mai 1846. (Suite.)

mois, les droits dus sur les quantités dont l'enlèvement aura été effectué, ainsi que sur celles qui auront été reconnues manquantes aux charges; le tout sous déduction de 2 p. 100 du poids net pour bonification.

Les sommes dues pourront être payées en obligations dûment cautionnées, à quatre mois de terme du jour où le droit sera exigible, pourvu que chaque obligation soit au moins de 300 francs.

Les fabricants qui voudront se libérer au comptant, au lieu de souscrire des obligations, jouiront, pour le temps que celles-ci auraient à courir, d'un escompte calculé au même taux que pour les sucres coloniaux.

Abrogé par l'article 44 du décret du 1er septembre 1852, et remplacé par l'article 36 dudit décret.

ART. 25.

Pour la pesée des sucres et des glucoses, lors des exercices, recensements et inventaires, ainsi que pour la vérification des chargements au départ et à l'arrivée, les fabricants, les expéditeurs et les destinataires seront obligés de fournir les ouvriers, de même que les poids, balances et autres ustensiles nécessaires à l'effet d'opérer la pesée et de *reconnaître la nuance des sucres.*

Les fabricants seront tenus égale-

Dispositions maintenues.	Dispositions abrogées.

LOI DU 31 MAI 1846. (Suite.)

ment de fournir, sur la demande des employés, les ouvriers, l'eau, les vases et ustensiles nécessaires pour vérifier, au moyen de l'empotement, la contenance des vaisseaux par eux déclarés.

ART. 26.

Toute infraction aux dispositions de la présente loi sera punie *d'une amende de 100 à 1,000 francs* (1), et de la confiscation des sucres, glucoses, sirops, et mélasses fabriqués, recélés, enlevés ou transportés en fraude.

En cas de récidive, l'amende pourra être portée au double (1).

ART. 27.

Les contraventions aux lois et règlements concernant la perception des droits imposés sur le sucre et sur la glucose seront constatées et poursuivies dans les formes propres à l'administration des contributions indirectes.

Le produit net des amendes et confiscations prononcées par suite desdites contraventions sera réparti conformément à l'article *126 de la loi du 25 mars 1817*.

---

(1) Modifié par l'article 3 de la loi du 30 décembre 1873.

Dispositions maintenues.	Dispositions abrogées.

LOI DU 31 MAI 1846. (Suite.)

ART. 28.

Il sera pourvu par des règlements d'administration publique aux mesures nécessaires *pour garantir l'uniformité et la conservation des types* (1), pour déterminer les obligations des fabricants, les conditions de l'exercice dans les fabriques, les formalités à l'enlèvement et à la circulation des sucres, le payement des droits, enfin pour assurer le recouvrement de l'impôt sur les sucres cristallisables et non cristallisables et l'entière exécution de la présente loi.

Les contraventions aux prescriptions des règlements à intervenir sont punies conformément à l'article 26 de la présente loi.

Pendant les trois mois qui suivront la promulgation de la présente loi, les ordonnances des 16 août 1842, 7 août 1843 et 14 août 1845 demeureront en vigueur dans tout ce qui n'est pas contraire aux dispositions précédentes.

Les contraventions aux prescriptions desdites ordonnances seront punies conformément à l'article 26 ci-dessus.

(1) Disposition virtuellement abrogée par la loi du 19 juillet 1880, qui établit l'impôt sur le rendement présumé au raffinage.

Dispositions maintenues.	Dispositions abrogées.

ORDONNANCE DU 29 AOÛT 1846.

TITRE 1er. *Sucres cristallisables (entièrement abrogé).*

DÉCRET DU 27 MARS 1852.

ARTICLE PREMIER.

Le tarif des sucres est modifié et établi comme suit :

		Les 100 kilogr.
Sucre de nuance égale au plus au premier type actuel	*Indigène.*	*45f 00*
	Étranger.	*57 00*

Sucre de nuance supérieure au premier type actuel : mêmes droits, augmentés de 3 francs par 100 kilogrammes.

Le sucre colonial acquittera, pendant 4 ans, 7 francs de moins par 100 kilogrammes que le sucre indigène.

Les taxes différentielles, applicables d'après les provenances, restent fixées aux taux déterminés par l'article 9 de la loi du 13 juin 1851.

Les sucres raffinés dans les fabriques de sucre indigène et dans les colonies acquitteront 10 p. 100 en sus du droit applicable au sucre de nuance supérieure au premier type.

Les sucres raffinés à l'étranger continueront d'être prohibés.

Seront considérés comme raffinés les sucres en pains de nuance blanche, les sucres candis et les sucres en poudre contenant moins de 1 p. 100 de matière étrangère autre que l'eau.

Dispositions maintenues.	Dispositions abrogées.

DÉCRET DU 27 MARS 1852. (Suite.)

ART. 2.

Les dispositions de l'article 6 de la loi du 31 mai 1846 seront appliquées aux raffineries de sucre et aux établissements dans lesquels on extrait le sucre des mélasses, ainsi qu'aux bâtiments et locaux de toute nature enclavés dans la même enceinte que ces raffineries ou ces établissements, ou y adhérant.

ART. 3.

Tout établissement dans lequel on extrait le sucre des mélasses sera soumis à l'exercice.

. . . .

Dispositions abrogées :

ART. 3.

. . . .

Un arrêté du Ministre des finances pourra aussi soumettre à l'exercice les raffineries de sucre situées dans le rayon déterminé par l'article 15 de la loi du 31 mai 1846.

ART. 4.

Les contestations relatives à la détermination de la qualité ou de la richesse des sucres indigènes et des matières sucrées de toute nature provenant des fabriques ou raffineries de sucre et des fabriques de glucoses seront déférées aux commissaires-experts institués par l'article 19 de la loi du 27 juillet 1822.

ART. 5.

Des règlements d'administration publique détermineront les obligations des fabricants et des raffineurs,

Dispositions maintenues.	Dispositions abrogées.

DÉCRET DU 27 MARS 1852. (Suite.)

et les conditions de l'exercice dans les fabriques, dans les raffineries et dans les établissements où l'on extrait le sucre des mélasses.

Ils fixeront le minimum de rendement obligatoire, le mode de payement des droits, les conditions et les formalités relatives à l'enlèvement, à la circulation des sucres et des matières sucrées, et détermineront les produits qui pourront être reçus dans les fabriques, raffineries et établissements exercés, ceux qui pourront en être expédiés, ainsi que les caractères distinctifs de ces produits.

Il sera pourvu par des règlements d'administration publique à tout ce qui concerne les fabriques de glucoses et les produits en provenant.

ART. 6.

L'article 16 de la loi du 31 mai 1846 est abrogé.

ART. 7.

Toute infraction aux dispositions du présent décret et aux règlements d'administration publique qui seront rendus en exécution de l'article 5 ci-dessus, donnera lieu à l'application des peines prononcées par *l'article 26 de la loi du 31 mai 1846* (1).

---

(1) Modifié par l'article 3 de la loi du 30 décembre 1873.

Dispositions maintenues. | **Dispositions abrogées.**

DÉCRET DU 27 MARS 1852, (Suite.)

Lorsqu'il aura été constaté plus de deux contraventions à la charge d'un fabricant ou d'un raffineur, un arrêté du Ministre des finances pourra ordonner la fermeture de l'établissement dans lequel la fraude aura été commise.

DÉCRET DU 1er SEPTEMBRE 1852.

TITRE 1er. *Des fabriques de sucre.*

ARTICLE PREMIER.

Les fabriques de sucre seront soumises à la surveillance permanente du service *des douanes* et des contributions indirectes.

. . . .

Le fabricant disposera, dans l'intérieur de la fabrique, pour servir de bureau aux employés, un local convenable de 12 mètres carrés au moins, garni de chaises, de tables et d'un poêle ou d'une cheminée.

Le loyer *de ce logement et* de ce bureau sera fixé de gré à gré et, à défaut de fixation amiable, réglé par le éfet.

ART. 2.

Toute communication intérieure des lieux déclarés par le fabricant, avec les maisons voisines non occupées par lui, est interdite et devra être scellée.

ARTICLE PREMIER.

. . . .

Un logement convenable sera fourni aux employés par le fabricant, dans l'intérieur de la fabrique ou dans les bâtiments attenants. Il se composera d'une cuisine et de trois pièces à feu. Une quatrième pièce pourra être exigée lorsqu'il sera placé dans la fabrique plus de trois employés.

. . . .

Dispositions maintenues. **Dispositions abrogées.**

DÉCRET DU 1er SEPTEMBRE 1852. (Suite.)

Les jours et fenêtres du magasin affecté au dépôt des sucres achevés seront garnis d'un treillis de fer, dont les mailles auront 5 centimètres d'ouverture au plus.

L'Administration pourra exiger :

1° Que tous les jours et fenêtres de la fabrique et des bâtiments attenants soient garnis d'un treillis des dimensions indiquées ci-dessus ;

2° Qu'il n'existe nulle communication intérieure entre la fabrique et les maisons d'habitation ou les bâtiments d'exploitation attenants ;

3° Que la fabrique et ses dépendances n'aient qu'une entrée habituellement ouverte, et que les autres portes soient fermées à deux serrures. La clef de l'une de ces serrures sera remise aux employés, et les portes ne pourront être ouvertes qu'en leur présence.

Le fabricant devra, lorsqu'il en sera requis, satisfaire à ces prescriptions dans un délai d'un mois. A défaut, les sucres fabriqués après l'expiration de ce délai seront considérés comme produits en fraude et donneront lieu à l'application des peines prononcées par l'*article 26 de la loi du 31 mai 1846* (1).

---

(1) Modifié par l'article 3 de la loi du 30 décembre 1873.

Dispositions maintenues. **Dispositions abrogées.**

DÉCRET DU 1er SEPTEMBRE 1852. (Suite.)

Les fabriques qui seront établies à l'avenir devront être séparées de tout autre bâtiment. Tous les jours et fenêtres devront être garnis d'un treillis en fer, et il ne pourra y avoir qu'une porte principale habituellement ouverte, le tout conformément à ce qui est prescrit ci-dessus.

ART. 3.

A l'extérieur du bâtiment principal de tout établissement où l'on fabrique du sucre, seront inscrits les mots : Fabrique de sucre.

ART. 4.

Les employés chargés de la surveillance de la fabrique sont autorisés à recevoir la déclaration prescrite par l'article 3 de la loi du 31 mai 1846.

Elle devra être faite un mois avant le commencement de la fabrication.

Les contenances des vaisseaux déclarés seront vérifiées par le jaugeage métrique. S'il y a contestation, elles le seront par empotement.

Le fabricant fera apposer distinctement les marques ci-après prescrites :

Chacun des vaisseaux recevra un numéro d'ordre et l'indication de sa contenance en litres;

Les formes seront classées par séries de contenances semblables, et

Dispositions maintenues.	Dispositions abrogées.

DÉCRET DU 1er SEPTEMBRE 1852. (Suite.)

marquées seulement d'une lettre par série;

Les numéros des vaisseaux et l'indication des contenances seront peints à l'huile, en caractères ayant au moins 5 centimètres de hauteur.

ART. 5.

Il est défendu de changer, de modifier ou altérer la contenance des chaudières, citernes et autres vaisseaux jaugés ou épalés ou d'en établir de nouveaux, sans en avoir fait la déclaration vingt-quatre heures d'avance aux employés exerçant la fabrique.

Le fabricant ne pourra faire usage desdits vaisseaux qu'après que leur contenance aura été vérifiée, conformément à l'article précédent.

ART. 6.

Chaque année, et 15 jours au moins avant l'ouverture des travaux de défécation, le fabricant déclarera aux employés exerçant la fabrique :

1° Le procédé qu'il emploiera pour l'extraction du jus;

2° Les heures de travail pour chaque jour de la semaine.

Tout changement dans le procédé d'extraction du jus ou dans le régime de la fabrique, pour les jours et heures

Dispositions maintenues. | **Dispositions abrogées.**

DÉCRET DU 1er SEPTEMBRE 1852. (Suite.)

de travail, sera précédé d'une nouvelle déclaration.

Lorsque le fabricant voudra suspendre ou cesser les travaux de sa fabrique, il devra en faire la déclaration aux mêmes agents.

ART. 7.

Les registres que les fabricants auront à tenir, en vertu de l'article 5 de la loi du 31 mai 1846, leur seront fournis gratuitement par l'Administration. Ils seront cotés et parafés par le chef de service délégué à cet effet.

Ces registres seront, à toute réquisition et à l'instant même de la demande, représentés aux employés, qui y apposeront leur visa.

ART. 8.

Un premier registre servira à constater toutes les défécations, au fur et à mesure qu'elles auront lieu, et sans interruption ni lacune.

Le fabricant y inscrira :

A l'instant même où le jus commencera à couler dans la chaudière : 1° le numéro de cette chaudière; 2° la date et l'heure du commencement de l'opération;

A la fin de la défécation, l'heure à laquelle elle aura été terminée.

Dispositions maintenues. | **Dispositions abrogées.**

DÉCRET DU 1er SEPTEMBRE 1852. (Suite.)

Ce registre sera placé dans la partie de l'atelier où se trouvent les chaudières de défécation.

ART. 9.

Avant que la chaux ne puisse être versée dans la chaudière, et préalablement à tout mélange d'autres matières, la densité du jus sera reconnue par l'employé chargé de la surveillance des défécations. Il la constatera sur le registre.

S'il est ajouté au jus des sucres imparfaits, des sirops ou des mélasses, le même agent en vérifiera le volume et le constatera, à chaque opération, sur le registre des défécations.

Chaque jour, le registre des défécations sera arrêté par le chef de service de la fabrique, et les quantités de jus déféqués seront prises en charge au portatif, après déduction, s'il y a lieu, du volume des sucres imparfaits, sirops et mélasses ajoutés.

Dans les fabriques où les procédés ordinaires de défécation ne sont pas suivis, les bases de la prise en charge pourront être modifiées en vertu de décisions de l'Administration. Ces décisions ne seront valables que pour la durée de la campagne. En cas de fraude dûment constatée, elles seront considérées comme non avenues.

Dispositions maintenues. **Dispositions abrogées.**

DÉCRET DU 1er SEPTEMBRE 1852. (Suite.)

ART. 10.

Un second registre présentera les résultats de la cuite et de la mise en forme des sirops.

Le fabricant y indiquera :

1° Avant l'empli, l'heure à laquelle le sirop commencera à être retiré du rafraîchissoir et porté dans les formes ou cristallisoirs;

2° Après l'empli, le nombre de formes ou de cristallisoirs de chaque série qui auront été remplis, et l'heure à laquelle l'opération aura été terminée.

Les formes et cristallisoirs provenant d'un même empli seront réunis sur un même point de la purgerie et ne pourront être déplacés qu'avec l'autorisation du service.

ART. 11.

Les employés vérifieront et prendront en compte le volume des sirops versés dans les formes ou cristallisoirs. Ils pourront marquer les formes ou cristallisoirs, ou désigner, par une étiquette générale, tous les sirops provenant du même empli.

En cas de soustraction de tout ou partie des sirops pris en compte, un procès-verbal sera dressé pour l'application des peines résultant de *l'article*

Dispositions maintenues. **Dispositions abrogées.**

DÉCRET DU 1er SEPTEMBRE 1852. (Suite.)

26 de la loi du 31 mai 1846 (1), et le droit dû sur les quantités soustraites sera calculé à raison d'un kilogramme de sucre par litre de sirop.

ART. 12.

L'Administration pourra exiger la prise en compte des rafraîchissoirs et de tous autres vaisseaux dans lesquels sont reçus les sirops et les matières sucrées de toute nature. Dans ce cas, les fabricants seront tenus d'inscrire sur les registres qui leur seront fournis, et au moment où les opérations auront lieu, les quantités versées dans ces vaisseaux, ainsi que les quantités extraites.

Les soustractions dûment constatées donneront lieu à l'application des dispositions de l'article 11 du présent règlement.

ART. 13.

Les sucres en cristallisation ne pourront être retirés des formes ou cristallisoirs qu'à la suite d'une déclaration faite pour toutes les opérations de la journée. Cette déclaration indiquera le nombre des formes ou cristallisoirs de chaque série qui devront être lochés. Les sucres ne pourront être extraits qu'en présence du ser-

(1) Article 3 de la loi du 30 décembre 1873.

Dispositions maintenues. **Dispositions abrogées.**

DÉCRET DU 1er SEPTEMBRE 1852. (Suite.)

vice, qui en vérifiera le poids et le prendra en charge.

Les lochages ne devront avoir lieu que de jour.

ART. 14.

Dans les établissements où l'on emploie les appareils à force centrifuge, le fabricant déclarera, par journée, les sirops qui devront passer à la turbine. La déclaration indiquera la nature des sirops et le nombre et la contenance des vaisseaux qui devront être vidés. Le sucre obtenu ne pourra être enlevé qu'après vérification et prise en charge de son poids par le service.

ART. 15.

Dans les fabriques où l'on raffine, le nombre et le poids des pains qui devront être mis à l'étuve seront déclarés par le fabricant et vérifiés par le service.

La sortie de l'étuve devra être aussi préalablement déclarée. Le service constatera et prendra en charge le nombre et le poids des pains retirés de l'étuve.

Toute différence, quant au nombre des pains retirés de l'étuve, donnera lieu à l'application de *l'article 26 de la loi du 31 mai 1846* (1).

(1) Art. 3 de la loi du 30 décembre 1873.

Dispositions maintenues. **Dispositions abrogées.**

DÉCRET DU 1er SEPTEMBRE 1852. (Suite.)

ART. 16.

Il sera affecté au dépôt des sucres un ou plusieurs magasins n'ayant qu'une porte fermée à deux serrures. Les employés garderont une des deux clefs, et les magasins ne pourront être ouverts qu'en leur présence.

Dès que les vérifications prescrites par les art. 13, 14 et 15 auront été effectuées, les sucres fabriqués seront transportés dans les magasins de dépôt. Toute quantité de sucre trouvée en dehors de ces magasins sera réputée fabriquée en fraude.

ART. 17.

Tout fabricant qui voudra remettre en fabrication des sucres ou des sirops sera tenu de déclarer :

La nature et la quantité totale des sucres ou sirops qu'il devra refondre dans la journée;

Les vaisseaux dans lesquels ils seront contenus.

Il ne sera donné décharge desdits sucres ou sirops qu'autant que la quantité déclarée aura été refondue en entier en présence des employés.

ART. 18.

L'Administration pourra accorder un dégrèvement sur la prise en charge, lorsque les pertes matérielles

Dispositions maintenues.	Dispositions abrogées.

DÉCRET DU 1er SEPTEMBRE 1852. (Suite.)

de jus, de sirops ou de sucres résultant d'accidents, auront été dénoncées immédiatement par le fabricant aux employés. Ceux-ci seront tenus de les constater d'après les règles propres à l'Administration.

ART. 19.

Les employés pourront, à des époques indéterminées, arrêter la situation du compte particulier des sucres achevés, et, à cet effet, vérifier par la pesée les quantités existantes dans les fabriques.

Si cette vérification fait ressortir un excédent, cet excédent sera saisi. Si, au contraire, cette vérification fait ressortir des manquants, ces manquants seront alloués jusqu'à concurrence de 3 p. 100 des quantités prises en charge depuis le dernier recensement. La quantité restant en magasin à l'époque de chaque recensement jouira de la portion non absorbée de l'allocation, sans que l'allocation totale puisse excéder 3 p. 100.

Lorsque les manquants ne seront pas de plus de 6 p. 100 des quantités prises en charge depuis le dernier recensement, l'Administration pourra en autoriser la remise avec ou sans payement des droits.

Les manquants de plus de 6 p. 100

Dispositions maintenues. **Dispositions abrogées.**

DÉCRET DU 1er SEPTEMBRE 1852. (Suite).

donneront lieu à l'application de *l'article 26 de la loi du 31 mai 1846* (1).

Le déchet éprouvé par les sucres mis à l'étuve sera alloué en entier lorsque le nombre des pains sera exactement représenté. Après l'entrée en magasin, les sucres raffinés n'auront droit à nulle allocation pour déchet, s'il existe des différences dans le nombre des pains, et ces différences donneront lieu à l'application des peines prononcées par *l'article 26 de la loi du 31 mai 1846* (1).

Pour l'application des dispositions ci dessus, le compte des sucres en poudre et celui des sucres en pains seront réglés séparement.

ART. 20.

Lors des inventaires, et toutes les fois qu'il y aura lieu à l'évaluation de la quantité de sucre *au premier type* ou de la quantité de sucre raffiné contenue dans les sucres imparfaits, sirops et mélasses, cette évaluation sera faite par les employés. En cas de contestation de la part du fabricant, les commissaires-experts institués par la loi du 27 juillet 1822, statueront au vu d'échantillons prélevés contradictoirement.

---

(1) Art. 3 de la loi du 30 décembre 1873.

Dispositions maintenues.	Dispositions abrogées.

DÉCRET DU 1er SEPTEMBRE 1852. (Suite.)

Les frais de transport des échantillons **seront** à la charge **du** fabricant, **lorsque** sa prétention aura été reconnue mal fondée.

ART. 21.

Pour la balance du compte général de fabrication, les sucres seront ramenés au premier type, en ajoutant :

1° Aux quantités de nuance supérieure au premier type, 6 kilogr. 667 grammes p. 100 ;

2° Aux quantités de sucre raffiné, 17 kilogr. 333 grammes p. 100.

ART. 22.

Par dérogation à l'article 10 de la loi du 31 mai 1846, les fabricants-raffineurs pourront, à partir du jour où l'inventaire des défécations aura eu lieu, recevoir, aux conditions déterminées ci-après, les sucres achevés de toute origine libérés d'impôt.

Ces sucres devront être représentés sous le plomb et l'acquit-à-caution de la fabrique ou du bureau de départ. Ils seront pris en charge au compte général de fabrication comme matières non imposables, d'après les quantités constatées à l'arrivée, dans les fabriques, et sur les bases fixées par l'article 21 du présent règlement.

Les sorties pour la consommation se-

Dispositions maintenues.	Dispositions abrogées.

DÉCRET DU 1er SEPTEMBRE 1852. (Suite.)

ront réparties proportionnellement sur les quantités imposables et les quantités non imposables existant au moment de l'expédition.

Après la cessation des travaux de la campagne, tout manquant sera soumis aux droits. Les excédents seront pris en charge comme matière imposable.

Les bas produits seront retirés des fabriques après payement des droits sur les quantités imposables ou mis sous scellés jusqu'à ce que l'importance des travaux de la campagne suivante ait été déterminée par l'inventaire des défécations.

ART. 23.

Les mélasses épuisées, dont l'expédition sur les distilleries est autorisée par l'article 11 de la loi du 31 mai 1846, ne pourront être portées à la décharge du compte de fabrication pour un rendement de plus de 5 p. 100 en sucre *au premier type*.

ART. 24.

Tant qu'un fabricant conservera des betteraves, des sucres, des sirops, des mélasses ou autres matières saccharifères, la déclaration qu'il fera de cesser définitivement ses travaux n'aura pour effet de l'affranchir des obligations imposées aux fabricants de

Dispositions maintenues. | **Dispositions abrogées.**

DÉCRET DU 1er SEPTEMBRE 1852. (Suite.)

sucre, y compris le payement de la licence, que s'il paye immédiatement les droits sur les sucres achevés, et s'il expédie les sucres imparfaits, sirops et mélasses, sur un autre établissement où ils seront soumis à la prise en charge.

ART. 25.

Néanmoins, dans le cas prevu par le 3e paragraphe de l'article 10 de la loi du 31 mai 1846, le fabricant qui aura déclaré cesser sa fabrication de l'année, pour se livrer au raffinage, sera dispensé d'enlever les sucres et résidus existant dans l'usine, pourvu que ces produits soient mis sous scellés ou déposés dans des magasins, sous la double clef du redevable et du service.

Les opérations du raffinage dans ces fabriques seront soumises aux conditions établies par le titre II du présent règlement.

ART. 26.

Aucune expédition ne pourra être faite de la fabrique que sur la déclaration du fabricant, et qu'après vérification par le service et délivrance d'un acquit-à-caution.

La déclaration et l'acquit-à-caution énonceront :

Les nombre, marque et numéro des colis;

Dispositions maintenues.	**Dispositions abrogées**

DÉCRET DU 1er SEPTEMBRE 1852. (Suite.)

Leur poids brut et net;

La qualité des sucres, et le rendement en sucre *au premier type* des sirops et des mélasses;

La destination;

Les noms, demeures et professions des destinataires; le nom du voiturier, ainsi que la route qui devra être suivie.

L'acquit-à-caution indiquera, en outre, l'heure de l'enlèvement.

Les employés procèderont, avant l'enlèvement, à la reconnaissance et à la pesée des produits déclarés.

Les colis contenant des sucres seront immédiatement plombés, aux frais du fabricant.

Les futailles contenant des sirops ou des mélasses seront revêtues du cachet de la Régie.

ART. 27.

Les sucres, sirops et mélasses ne pourront être enlevés que de jour et transportés dans des colis fermés suivant les usages du commerce.

Les sacs devront avoir toutes les coutures à l'intérieur et être d'un poids net uniforme de 100 kilogrammes; les autres colis pèseront net au moins 100 kilogrammes.

Néanmoins, les sucres candis pourront être transportés en caisses de 25 kilogrammes.

Dispositions maintenues.	Dispositions abrogées.

DÉCRET DU 1er SEPTEMBRE 1852. (Suite.)

TITRE II.

(1) ....

TITRE III. *Dispositions générales.*

ART. 34.

Les commissaires-experts institués par l'article 19 de la loi du 17 juillet 1822 procéderont, lorsqu'il y aura lieu, au remplacement du 1er type actuel des sucres indigènes et des sucres coloniaux et exotiques; le nouveau type devra être conforme au 1er type actuel.

ART. 35.

Les déclarations relatives aux opérations des fabriques, raffineries et autres établissements soumis à l'exercice, seront reçues par les employés chargés de l'exercice. Elles devront être faites la veille, pour les opérations du lendemain, ou le jour même, deux heures au moins d'avance.

Les employés constateront sur les portatifs tous les actes de l'exercice. Les expéditions à toute destination seront constatées par deux employés. Toutes les autres opérations pourront être constatées par un seul employé.

(1) Les articles 28 à 33 visaient les raffineries et les sucrateries. Ils ont été abrogés.

Dispositions maintenues.	**Dispositions abrogées.**

DÉCRET DU 1er SEPTEMBRE 1852. (Suite.)

En cas de contestation, un second employé sera immédiatement appelé pour concourir aux constatations.

ART. 36.

Aucune quantité de sucre ou d'autre matière imposable ne pourra sortir des fabriques ou des entrepôts qu'après payement des droits ou garantie suffisante de leur acquittement.

Les droits seront dus sur les sucres et sur les glucoses à la date de l'enlèvement, d'après les quantités constatées par la vérification. Le délai du crédit courra à partir de cette date. Toutefois, seront considérés comme effectués au comptant, *pour la liquidation de l'escompte,* les payements qui seront faits dans les cinq jours de l'enlèvement, ou, au plus tard, à la première tournée du receveur, si la fabrique est comprise dans la circonscription d'une recette ambulante.

Le minimum des acquittements qui pourront donner lieu au crédit *ou à l'escompte* reste fixé à 300 francs.

Les règles et les conditions relatives *à l'escompte,* à la concession des crédits et à la responsabilité des comptables pour les perceptions sur les sucres coloniaux ou exotiques, sont applicables en matière de perception sur les sucres indigènes.

La concession des crédits donnera

Dispositions maintenues. | **Dispositions abrogées.**

DÉCRET DU 1er SEPTEMBRE 1852. (Suite.)

lieu au payement, par les redevables, de la remise déterminée (1) par *l'article 1er de l'ordonnance du 30 décembre 1829.*

ART. 37.

Dans le rayon déterminé par l'article 15 de la loi du 31 mai 1846, la circulation des sucres raffinés enlevés de tout autre lieu que d'une usine soumise à l'exercice aura lieu sous laissez-passer.

Pourra aussi être effectuée sous laissez-passer la circulation des sucres en poudre, lorsque la quantité expédiée ne dépassera pas, pour le même expéditeur, 1,000 kilogrammes par mois et par destinataire.

ART. 38.

Il ne sera délivré d'acquit-à-caution pour régulariser le transport en franchise des sucres libérés d'impôt que sur la justification du payement des droits et sur la représentation des sucres.

La même justification pourra être exigée pour les sucres expédiés sous laissez-passer.

Toute expédition sous acquit-à-caution donnera lieu au plombage

(1) Et d'un intérêt de crédit établi par la loi du 15 février 1875.

Dispositions maintenues.	Dispositions abrogées.

DÉCRET DU 1er SEPTEMBRE 1852. (Suite.)

des colis et, s'il s'agit de sirops ou de mélasses, à l'apposition du cachet de la Régie sur les futailles.

ART. 39.

Lorsque l'acquit-à-caution ou le laissez-passer portera l'obligation de visa à un bureau de douanes, des contributions indirectes ou de l'octroi, il deviendra nul par le défaut d'accomplissement de cette obligation.

ART. 40.

Les chargements devront être conduits à la destination déclarée dans le délai porté sur l'acquit-à-caution ou le laissez-passer. Ce délai sera fixé à raison des distances à parcourir et du mode de transport.

Est interdite toute interruption de transport autrement que pour le cas de force majeure dont il devra être justifié dans la forme prescrite par l'article 8, titre III, de la loi du 22 août 1791.

La décharge des acquits-à-caution n'aura lieu qu'après représentation des sucres, sirops ou mélasses en mêmes quantités et qualités, et sous cordes et plombs ou cachets intacts. Les plombs seront retirés par les employés, si les sucres doivent entrer dans des établissements ou locaux non soumis à l'exercice.

Dispositions maintenues.	Dispositions abrogées.

DÉCRET DU 1er SEPTEMBRE 1852. (Suite.)

ART. 41.

Tout conducteur d'un chargement de sucre accompagné d'un acquit-à-caution délivré par la régie des contributions indirectes sera affranchi de l'obligation de lever un passavant pour circuler dans les lignes soumises à la surveillance des douanes.

ART. 42.

La désignation du local proposé pour l'établissement d'un entrepôt réel, ainsi que le règlement sur son régime intérieur, seront soumis à l'approbation du Ministre des Finances.

Le délai de l'entrepôt sera de trois ans.

ART. 43.

Toute infraction aux dispositions du présent règlement sera punie des peines prononcées par *l'article 26 de la loi du 31 mai 1846* (1).

Lorsque, par l'enlèvement des produits, la confiscation prononcée par ledit article ne pourra être matériellement appliquée, le contrevenant sera tenu de payer, pour tenir lieu de la confiscation, une somme égale à la valeur desdits produits.

(1) Article 3 de la loi du 30 décembre 1873.

Dispositions maintenues. Dispositions abrogées.

DÉCRET DU 1er SEPTEMBRE 1852. (Suite.)

ART. 44.

Le présent règlement sera mis à exécution à dater du 1er octobre 1852.

L'ordonnance du 29 août 1846 sera abrogée, à dater de ce jour, en tout ce qui concerne les sucres indigènes.

Jusqu'à ce qu'il en ait été autrement disposé, cette ordonnance continuera d'être appliquée aux glucoses.

A dater du 1er octobre 1852, les art. 1, 2, 9, 12, 13 et 24 de la loi du 31 mai 1846 cesseront d'avoir leur effet.

DÉCRET DU 17 NOVEMBRE 1852.

ARTICLE PREMIER.

Les dispositions des 2e, 3e et 4e paragraphes de l'article 1er du décret du 1er septembre 1852, qui obligent les fabricants et raffineurs de sucre à fournir un logement aux employés chargés de l'exercice et de la surveillance de leurs usines, sont rapportées.

DÉCRET DU 17 AVRIL 1858.

ARTICLE PREMIER.

Le chiffre de 1,400 grammes fixé par l'article 7 de la loi du 31 mai 1846 pour le calcul du rendement minimum du jus en sucre au type, est abaissé exceptionnellement à 1,300 grammes pour la campagne 1857-1858.

Dispositions maintenues. **Dispositions abrogées.**

DÉCRET DU 17 AVRIL 1858. (Suite.)

ART. 2.

L'article 22 du règlement du 1er septembre 1852 est abrogé et remplacé par les dispositions suivantes :

Les fabricants raffineurs pourront, en tout temps, recevoir, aux conditions déterminées ci-après, les sucres achevés de toute origine libérés de l'impôt.

Ces sucres devront être représentés sous le plomb et l'acquit-à-caution de la fabrique ou du bureau de départ. Ils seront pris en charge au compte général de fabrication, comme matières non-imposables, d'après les quantités constatées à l'arrivée dans les fabriques, *et sur les bases fixées par l'article 21 du règlement du 1er septembre 1852.*

Les sorties pour la consommation seront réparties proportionnellement sur les quantités imposables et les quantités non imposables existant au moment de l'expédition.

Après la cessation des travaux de la campagne, il sera procédé à un inventaire général; tout manquant sera soumis au droit; les excédents seront pris en charge comme matière imposable.

Dispositions maintenues. **Dispositions abrogées.**

DÉCRET DU 7 JANVIER 1860.

ARTICLE PREMIER.

A partir de l'ouverture de la campagne 1859-1860, les manquants constatés dans la fabrication du sucre indigène, sur le minimum légal de prise en charge, pourront être affranchis, par une décision du Ministre des finances, des droits auxquels ils sont assujettis *par l'article 8 de la loi du 31 mai 1846.*

LOI DU 23 MAI 1860.

....

ART. 8.

Le droit ne sera pas dû sur le sucre brut indigène qui sera exporté à l'étranger.

DÉCRET DU 3 OCTOBRE 1861.

ARTICLE PREMIER.

Les sucres indigènes expédiés des fabriques sur les villes où l'Administration des douanes et des contributions indirectes a un service organisé pourront, à leur arrivée au lieu de destination, si l'Administration l'autorise, être soumis à l'acquittement des droits sans entrer en entrepôt.

Dispositions maintenues.	Dispositions abrogées.

LOI DU 7 MAI 1864.

ARTICLE PREMIER.

A partir du 15 juin 1864, les droits sur les sucres seront établis ainsi qu'il suit, décimes compris :

SUCRES :

		les 100 kilogr.
bruts de toute origine.	*au-dessous du n° 13.*	*42f 00*
	du n° 13 au n° 20 inclusivement..	*44 00*
assimilés aux raffinés.	*Poudres blanches au-dessus du n° 20.......*	*45 00*
Raffinés dans les fabriques de sucre indigène et dans les colonies françaises.......		*47 00*

Les types nos 13 et 20 seront déterminés conformément à la série des types de Paris (1).

ART. 2.

Les colonies françaises de l'Île de la Réunion et des Antilles jouiront d'une détaxe de 5 francs par 100 kilogrammes, du 15 juin 1864 au 1er janvier 1870, décimes compris.

ART. 3.

Les sucres importés des pays hors d'Europe par navires étrangers et les sucres importés des pays et des entrepôts

---

(1) Les types ont été supprimés par la loi du 19 juillet 1880.

Dispositions maintenues.	Dispositions abrogées.

Loi du 7 mai 1864. (Suite.)

d'Europe, quel que soit le mode de transport, seront soumis à une surtaxe de 2 francs par 100 kilogrammes, décimes compris.

ART. 4.

La faculté d'abonnement accordée aux fabriques de sucre indigène par l'article 4 de la loi du 23 mai 1860 est et demeure supprimée.

ART. 5.

Le régime actuel du drawback est supprimé.

Les sucres non raffinés, *de toute origine* (1), jouiront de la faculté de l'admission temporaire en franchise, sous les conditions ci-après déterminées.

L'admission temporaire ne sera obligatoire qu'à l'égard des sucres qui seront raffinés pour l'exportation.

Les sucres déclarés pour l'admission temporaire donneront lieu à des obligations cautionnées.

Ces obligations seront apurées dans un délai qui ne pourra excéder *quatre mois* (2), soit par l'exportation après raffinage ou par la mise en entrepôt

(1) Voir le dernier paragraphe de l'article 6.

(2) Délai réduit à deux mois par l'article 27 de la loi du 8 juillet 1865.

Dispositions maintenues.

LOI DU 7 MAI 1864. (Suite.)

d'une quantité de sucres raffinés (1) correspondant aux rendements qui seront déterminés *à l'article 6*, soit par le payement des taxes et surtaxes applicables aux sucres bruts soumissionnés.

Lorsque les raffinés exportés proviendront de sucres importés par navire étranger, les soumissionnaires devront payer, au moment de l'exportation ou de la mise en entrepôt, la moitié de la surtaxe de pavillon (2).

Relativement aux obligations cautionnées, l'action du Trésor et la responsabilité des comptables resteront de tous points soumises aux règles tracées par les ordonnances et arrêtés rendus sur les crédits accordés pour le payement des droits de douane.

ART. 6.

. . . .

Les vergeoises *du n° 13 et des numéros supérieurs* seront admissibles pour l'exportation à la décharge des obligations d'admission temporaire, *à raison de 105 kilogrammes pour 100 kilogrammes de sucre brut.*

Dispositions abrogées.

ART. 6.

Le rendement des sucres destinés à l'exportation après raffinage sera réglé ainsi qu'il suit :

SUCRE DE TOUTE ORIGINE :

Au-dessous du n° 10.	*Sucre mélis ou 4 cassons et sucre candi........*	*78k*	*pour 100 kil. de sucre brut conformément aux types indiqués ci-contre.*
	Sucre lumps et sucre tapé de nuance blanche.....	*79k*	
Du n° 10 au n° 13 inclusivement.	*Sucre mélis ou 4 cassons et sucre candi..........*	*80k*	
	Sucre lumps et sucre tapé de nuance blanche.....	*81k*	
Du n° 13 au n° 16 inclusivement.	*Sucre mélis ou 4 cassons et sucre candi..........*	*83k*	
	Sucre lamps et sucre tapé de nuance blanche.....	*84k*	

. . . .

(1) Ou de sucre en grains titrant au minimum 65 degrés (art. 5 de la loi du 4 juillet 1887).

(2) La surtaxe de pavillon a été supprimée par la loi du 19 mai 1866. Rétablie par celle du 30 janvier 1872, elle a été définitivement abolie par la loi du 28 juillet 1873.

Dispositions maintenues. **Dispositions abrogées.**

LOI DU 7 MAI 1864. (Suite.)

Les sucres coloniaux et étrangers ne seront admissibles au raffinage pour l'exportation que lorsqu'ils auront été importés directement par mer des pays hors d'Europe (1).

ART. 7.

Les sucres raffinés qui, après avoir été placés en entrepôt dans les conditions prévues par l'article 5, seront retirés pour la consommation, acquitteront les droits afférents à la matière brute dont ils proviennent et sur les quantités soumissionnées au moment de l'admission temporaire.

ART. 8.

Si les obligations ne sont pas apurées dans le délai fixé par l'article 5 de la présente loi, le Trésor poursuivra immédiatement, outre le recouvrement du droit d'entrée, le payement des intérêts de ce droit à raison de 5 p. o/o (2) l'an, et ce à partir de l'expiration dudit délai (3).

Toute tentative ayant pour but de faire admettre à l'exportation ou à la réintégration en entrepôt comme il

(1) Voir article 18 de la loi du 19 juillet 1880.

(2) Réduit à 4 p. o/o.

(3) Plus un intérêt de crédit, à partir du jour de la soumission (loi du 15 février 1875).

Dispositions maintenues.	Dispositions abrogées.

LOI DU 7 MAI 1864. (Suite.)

est dit à l'article 5, des sucres n'ayant pas le poids déclaré ou le degré de pureté *ou de blancheur* exigé par les règlements sur la matière, sera punie, dans le premier cas, d'une amende égale au double droit sur le déficit, et dans le second cas, d'une amende de 10 francs par 100 kilogrammes (1). La marchandise pourra être retenue pour sûreté de l'amende et des frais.

Dispositions abrogées :

ART. 9.

La restitution des droits à l'exportation des sucres raffinés, lorsque le payement de ces droits sera justifié au moyen de quittances antérieures à la promulgation de la présente loi et n'ayant pas plus de quatre mois de date, se fera sur les bases du tarif et d'après les rendements déterminés par les lois antérieures.

*Les sucres raffinés indigènes non libérés d'impôt existant en magasin dans les fabriques raffineries ou en cours de raffinage au moment de la mise en vigueur de la présente loi, acquitteront le droit de **47** francs par **100** kilogrammes, décimes compris.*

LOI DE FINANCES DU 8 JUILLET 1865.

ART. 27.

Le délai de quatre mois accordé par l'article 5 de la loi du 7 mai 1864, pour la libération des obliga-

(1) Pénalités modifiées par l'article 3 de la loi du 30 décembre 1873.

Dispositions maintenues. **Dispositions abrogées.**

LOI DU 8 JUILLET 1865. (Suite.)

tions souscrites pour les sucres admis en franchise temporaire, est réduit à deux mois.

Cette disposition sera applicable aux obligations souscrites à partir du 1er septembre prochain.

LOI DU 1er SEPTEMBRE 1871.

ART. 6.

A partir du 1er octobre 1871, les droits de licence seront perçus, d'après le tarif suivant, sur les assujettis qui y sont dénommés :

. . . .

. . . .

Fabricants de sucres et de glucoses :

Dans tous les lieux, 100 francs (1).

LOI DU 30 DÉCEMBRE 1873.

ART. 2.

Il est ajouté aux impôts et produits de toute nature déjà soumis aux décimes par les lois en vigueur :

5 p. o/o du principal pour les impôts et produits dont le principal est déterminé par la loi (2).

(1) Il s'agit de la taxe, en principal, qui est frappée de 2 décimes et demi.

(2) Cette augmentation d'impôt atteint la licence des fabricants de sucre et de glucoses.

Dispositions maintenues. | Dispositions abrogées.

LOI DU 30 DÉCEMBRE 1873. (Suite.)

4 p. 0/0 *du droit total actuel sur les sucres* (1) des taxes de douane et autres dont la quotité, fixée par la loi, comprend à la fois le principal et les décimes.

ART. 3.

Toute infraction aux dispositions des lois et règlements concernant la perception de la taxe des sucres indigènes et des glucoses est punie d'une amende de 1,000 à 5,000 francs et de la confiscation des sucres, glucoses, sirops et mélasses fabriqués, recélés, enlevés et transportés en fraude.

En cas de récidive, l'amende peut être portée à 10,000 francs.

Les sucres importés de l'étranger avec le caractère de fraude donneront lieu aux mêmes peines.

. . . .

ART. 6.

Les augmentations de droits établies par les articles précédents sont applicables à partir de la promulgation de la présente loi.

Ces augmentations de droits doivent être acquittées sur les quantités, même libérées des impôts antérieurs, existant à cette époque dans les fabriques et magasins, ou dans tout autre lieu en la possession des fabricants, raffineurs et commerçants.

Les quantités seront reprises par voie d'inventaire.

(1) Tarif modifié par la loi du 19 juillet 1880.

Dispositions maintenues.	Dispositions abrogées.

Loi du 15 février 1875.

ARTICLE PREMIER.

A partir de la promulgation de la présente loi, tous les droits recouvrés par l'Administration des douanes et par celle des contributions indirectes devront être payés au comptant, sans escompte.

ART. 2.

Néanmoins, pour ceux de ces droits auxquels a été accordée la faculté d'acquittement en obligations ou l'allocation d'un escompte en cas de payement au comptant, c'est-à-dire les droits d'importation, les taxes de fabrication et de consommation sur les sels, les sucres, les bières, *les papiers*, les allumettes, *la chicorée*, les huiles de toute espèce, la bougie, *les savons*, et aussi pour le droit sur les cartes à jouer, et le montant du papier filigrané et de moulage des cartes à jouer, le redevable pourra être admis à présenter des obligations dûment cautionnées, à quatre mois d'échéance, lorsque la somme à payer, d'après chaque décompte, s'élèvera à 300 francs au moins.

ART. 3.

Ces obligations donneront lieu à un intérêt de retard et à une remise spéciale dont le taux et le montant

Dispositions maintenues. | Dispositions abrogées.

Loi du 15 février 1875. (Suite.)

seront fixés par des arrêtés du Ministre des finances.

La remise spéciale ne pourra pas dépasser un tiers de franc p. %.

Arrêté ministériel du 17 février 1875.

ARTICLE PREMIER.

Le taux de l'intérêt de retard pour les crédits concédés est fixé à 3 p. % par an.

ART. 2.

Le taux de la remise spéciale est maintenu à un tiers de franc p. %.

Décret du 8 août 1878.

ARTICLE PREMIER.

. . . .

La quantité en sera constatée par les laboratoires scientifiques de l'Administration des douanes. Cette constatation sera définitive.

ART. 2.

Les fruits confits, confitures et bonbons, pour lesquels le bénéfice de l'article précédent sera réclamé, ne pourront être exportés que par les

ARTICLE PREMIER.

Le sucre cristallisable existant en cet état dans les fruits confits, les confitures et les bonbons exportés à l'étranger et aux colonies et possessions françaises (l'Algérie comprise) donnera droit à la décharge des obligations d'admission temporaire de sucre brut des n°s 10 et au-dessus (1).

. . . .

(1) *Modifié par l'article 1er du décret du 18 septembre 1880.*

Dispositions maintenues. | **Dispositions abrogées.**

DÉCRET DU 8 AOÛT 1878. (Suite.)

bureaux de douanes auprès desquels il a été institué des laboratoires scientifiques. Le poids minimum de chaque opération devra être de 100 kilogrammes net. Il ne pourra être admis que des fruits confits, confitures ou bonbons dans lesquels la proportion de sucre cristallisé sera au moins de 10 p. 100.

Les déclarations devront être faites par les fabricants ou par un fondé de pouvoirs réguliers.

Les boîtes et autres colis devront être revêtus de l'étiquette ou de la marque du fabricant.

ART. 3.

....

Les pâtes de fruits seront assimilées aux fruits confits.

ART. 4.

....

Les dispositions des articles 1 à 3 ci-dessus sont applicables aux fruits confits, confitures et bonbons qui seront constitués en entrepôt réel, pour être ultérieurement exportés.

Dans le cas de non exportation, ils

ART. 3.

Le sucre cristallisable constaté dans les fruits confits et les bonbons sera considéré comme sucre raffiné. Celui qui sera constaté dans les confitures sera considéré comme vergeoise des n°s 15 à 18.

....

Dispositions maintenues. | Dispositions abrogées.

DÉCRET DU 8 AOÛT 1878. (Suite.)

pourront être retirés de l'entrepôt moyennant le payement d'un droit égal au dégrèvement dont ils auront été l'objet.

ART. 5.

Toute contravention, toute infraction aux prescriptions du présent décret donnera lieu à l'application des peines portées à l'article 5 de la loi du 5 juillet 1836, et spécialement à la déchéance, pour les contrevenants, du régime de l'admission temporaire.

ARRÊTÉ DU 15 NOVEMBRE 1879.

Les frais de plombage fixés à 10 centimes par plomb, y compris la ficelle, pour les colis de sucres qui doivent être plombés, seront réduits à 3 centimes à partir du 1er décembre 1879.

LOI DU 19 JUILLET 1880.

ART. 15.

Les droits sur les sucres de toute origine et les glucoses indigènes livrées à la consommation sont fixés ainsi qu'il suit, décimes et demi-décimes compris :

Sucres bruts et raffinés, 40 francs par 100 kilogrammes de sucre raffiné.

Sucres bruts et raffinés, 43 francs par 100 kilogrammes de sucre candi.

Dispositions maintenues. | **Dispositions abrogées.**

LOI DU 19 JUILLET 1880. (Suite.)

Sucres extraits, dans les établissements spéciaux, de mélasses libérées d'impôt, 14 francs par 100 kilogrammes.

Glucoses, 8 francs par 100 kilogrammes.

ART. 16.

. . . .

Sont, en outre, modifiés comme suit les droits des dérivés du sucre énumérés ci-après :

Sirops, bonbons et fruits confits : droit du sucre raffiné.

Confitures et biscuits sucrés : moitié du droit du sucre raffiné.

ART. 16.

Les sucres étrangers sont soumis aux surtaxes déterminées ci-après :

Sucres bruts ou sucres non assimilés aux sucres raffinés importés des pays d'Europe ou des entrepôts d'Europe, 3 francs par 100 kilogrammes.

Sucres raffinés ou assimilés aux raffinés de toute provenance, 12 fr. 50 par 100 kilogrammes.

Sucre candi de toute provenance, 13 fr. 50 par 100 kilogrammes.

Mélasses autres que pour la distillation, ayant en richesse saccharine absolue 50 p. 100 ou moins : 12 francs par 100 kilogrammes.

Mélasses autres que pour la distillation, ayant en richesse saccharine absolue plus de 50 p. 100 : 35 fr. 50 par 100 kilogrammes.

Chocolat, 88 francs par 100 kilogrammes.

. . . .

ART. 17.

Sont considérés comme sucres raffinés, pour l'application des droits, les sucres en pains ou agglomérés de toute forme.

Dispositions maintenues.	Dispositions abrogées.

LOI DU 19 JUILLET 1880. (Suite.)

Sont assimilés aux raffinés, pour l'acquittement des droits, les sucres en poudre provenant des pays étrangers et dont le rendement présumé au raffinage dépasse 98 p. 100.

ART. 18.

Les sucres en poudre de toute origine, non assimilés aux raffinés, *autres que ceux auxquels s'applique le droit spécial de 14 francs édicté par la présente loi* (1), sont imposés d'après leur rendement présumé au raffinage, sous la déduction, à titre de déchet, de 1 1/2 p. 0/0 de ce rendement.

Sont également pris en charge, d'après leur rendement présumé au raffinage et sous la même déduction, pour l'application du régime de l'admission temporaire créé par la loi du 7 mai 1864, les sucres non raffinés indigènes ou coloniaux, et les sucres non raffinés étrangers, qui sont importés directement des pays hors d'Europe (2).

Dans l'un et l'autre cas, quel que soit le rendement présumé, les sucres ne peuvent être frappés des droits, ou

---

(1) Plus de taxe spéciale pour les sucres des mélasses libérées d'impôt. (Loi du 29 juillet 1884.)

(2) L'importation doit avoir lieu par mer. (Art. 6 de la loi du 7 mai 1864.)

Dispositions maintenues. **Dispositions abrogées.**

LOI DU 19 JUILLET 1880. (Suite.)

reçus en admission temporaire *pour un rendement supérieur à 98 p. 100* (1), ni pour un rendement inférieur à 65 p. 100, le déchet de 1 1/2 p. 100 non compris (2).

Le rendement présumé au raffinage continuera d'être établi sans fraction de degré au moyen de l'analyse polarimétrique et de la déduction des cendres et de la glucose. Les coefficients des réfactions à opérer sur le titre saccharimétrique sont fixés à 4 pour les cendres et à 2 pour la glucose.

Dans le cas de recours à l'expertise légale, les titrages constatés par les laboratoires de l'Administration seront maintenus lorsque les différences en plus ou en moins, reconnues par les commissaires-experts, n'atteindront pas un degré.

ART. 19.

Les sucres raffinés en pains ou agglomérés présentés à l'exportation, ou à la décharge des obligations d'admission temporaire, ne sont comptés pour leur poids total qu'à la condition

(1) Abrogé par l'article 5 de la loi du 5 août 1890.

(2) Ce minimum est élevé à 80 p. 100 pour les sucres d'origine européenne ou importés des entrepôts d'Europe. (Art. 9 de la loi du 29 juillet 1884.)

Dispositions maintenues. Dispositions abrogées.

LOI DU 19 JUILLET 1880. (Suite.)

d'être parfaitement épurés, durs et secs.

Les sucres candis doivent être en cristaux secs et transparents. Ils sont admis à raison de 100 kilogrammes de candi pour 107 kilogrammes de sucre raffiné.

Les sucres raffinés autres que ceux désignés au premier paragraphe ci-dessus, les poudres provenant du pilage ou du sciage des pains dans les établissements libres et les vergeoises sont reçus à la décharge des obligations d'admission temporaire pour la quantité de sucre raffiné qu'ils représentent. Cette quantité est constatée dans les conditions prévues par les trois derniers paragraphes de l'article précédent, mais sans déduction de la glucose. Il en est de même à l'importation pour les vergeoises (1).

(1) Voir les articles 6 de la loi du 29 juillet 1884 et 5 de la loi du 4 juillet 1887 qui admettent les sucres bruts en grains à la décharge des obligations d'admission temporaire jusqu'au titrage de 65 degrés au minimum.

ART. 20.

Il sera procédé à l'inventaire des sucres et des sirops de toute nature (à l'exception des mélasses) qui existeront dans les raffineries au jour de la mise à exécution de la présente loi.

Les sucres raffinés seront comptés pour leur poids intégral et les sucres candis pour 7 p. 100 en sus. Les autres sucres et les sirops en cours de fabrication seront évalués en sucre raffiné. Le rendement en sera calculé avec les coeffi-

Dispositions maintenues. **Dispositions abrogées.**

LOI DU 19 JUILLET 1880. (Suite.)

cients de 5 pour les cendres et de 2 pour la glucose.

Il sera déduit du chiffre total de l'inventaire les quantités de sucre raffiné afférentes aux obligations d'admission temporaire non encore apurées.

Le surplus donnera droit à une restitution de 33 fr. 32 centimes par 100 kilogrammes de sucre raffiné.

La restitution s'opérera au moyen de certificats d'inventaire établissant la somme revenant aux ayants droit. Ces certificats seront reçus jusqu'à due concurrence, avant le 1er janvier 1881 (1), en payement des droits au comptant sur les sucres livrés ultérieurement à la consommation.

Dans les quinze jours qui précèderont l'application de la loi, les employés des douanes et des contributions indirectes devront être admis dans les raffineries à toute heure de jour et de nuit. Ils pourront suivre les opérations des raffineries et procéder à toutes les constatations et vérifications préparatoires qu'ils jugeront nécessaires.

Les obligations d'admission temporaire pour lesquelles il n'aura pas été représenté, au moment de l'inventaire, des quantités correspondantes de sucres raffinés ou de matières en cours de fa-

---

(1) *Délai prorogé pendant deux mois par la loi du 20 avril 1881.*

Dispositions maintenues. | **Dispositions abrogées.**

LOI DU 19 JUILLET 1880. (Suite.)

brication ne pourront être apurées qu'au moyen de certificats d'exportation ou d'entrée en entrepôt antérieurs à l'application de la loi ou par le payement du droit de 73 fr. 32 centimes par 100 kilogrammes sur les quantités de sucre raffiné pris en charge.

ART. 21.

L'article 7 de la loi du 31 mai 1846 est modifié ainsi qu'il suit :

Les employés tiennent, pour chaque fabrique, un compte des produits de la fabrication, tant en jus et sirops qu'en sucres achevés ou imparfaits.

Les charges en sont calculées au minimum, à raison de *1,200 grammes* de sucre raffiné pour 100 litres de jus et par chaque degré du densimètre au-dessus de 100 (densité de l'eau) reconnus avant la défécation à la température de 15 degrés centigrades. Les fractions de moins d'un dixième de degré sont négligées.

Le volume du jus soumis à la défécation est évalué d'après la contenance des chaudières, déduction faite de 10 p. 100.

ART. 22.

L'emploi de tout procédé ayant pour objet de déguiser la richesse du sucre et de tromper sur son poids est puni des peines prononcées par l'ar-

Dispositions maintenues. | **Dispositions abrogées.**

LOI DU 19 JUILLET 1880. (Suite.)

ticle 3 de la loi du 30 décembre 1873, sans préjudice des dommages et intérêts qui peuvent être alloués au Trésor.

ART. 23.

Sont compris sous la dénomination de glucoses tous les produits saccharins non cristallisables, quels que soient leur degré de concentration et la matière première dont ils sont extraits. Ces produits sont assujettis au droit fixé par la présente loi, à moins qu'ils ne soient exportés ou employés dans la fabrication des bières, auxquels cas ils sont exonérés de tout impôt.

. . . .

Un règlement d'administration publique déterminera les autres conditions auxquelles est subordonnée la franchise pour les glucoses mises en œuvre dans les brasseries.

Le deuxième paragraphe de l'article 22 de la loi du 31 mai 1846 est abrogé.

Une décision ministérielle du 19 janvier 1881 autorise l'établissement de dépôts de glucoses non libérés d'impôt, à la condition que les dépositaires prennent la qualité de fabricant et payent la licence (voir la circulaire 310, du 20 fév. 1881.)

Une autre décision du 11 mars 1881 (Circ. 311) admet les glucoses dans les entrepôts réels de sucres.

ART. 23.

. . . .

Toutefois, il n'est dérogé à l'article 8 de la loi du 1er mai 1822, en ce qui concerne l'application de la taxe sur la petite bière à un brassin auquel sont ajoutées des glucoses exemptes d'impôt, que si, à la température de 15 degrés centigrades avant fermentation, le moût de cette bière ne marque pas plus de 2°,5 au densimètre centésimal.

. . . .

Dispositions maintenues. **Dispositions abrogées.**

DÉCRET DU 17 AOUT 1880.

ARTICLE PREMIER.

Le cacao et le sucre importés des pays hors d'Europe ainsi que le sucre indigène qui seront destinés à la fabrication du chocolat pourront être admis temporairement en franchise de tous droits, sous les conditions déterminées par l'article 5 de la loi du 5 juillet 1836.

ART. 2.

L'importateur s'engagera, par une soumission valablement cautionnée, à réexporter ou à réintégrer en entrepôt 100 kilogrammes de chocolat pour 53 kilogrammes de cacao et 54 kilogrammes de sucre raffiné ou une quantité équivalente de sucre brut.

Le délai maximum dans lequel devra avoir lieu la réexportation ou la mise en entrepôt sera de quatre mois.

Toutefois les acquits-à-caution créés antérieurement au 1er octobre 1880 devront, quelle que soit leur date, être apurés le 30 septembre 1880 au plus tard, par des réexportations ou des constitutions en entrepôt.

ART. 3.

Ne seront admis à la décharge des soumissions d'admission temporaire que les chocolats valant au moins

Dispositions maintenues.	Dispositions abrogées.

Décret du 17 août 1880. (Suite.)

2 fr. 50 le kilogramme en fabrique, droits compris, et composés exclusivement de cacao, de sucre et d'aromates, sans mélange d'aucune autre substance. Ils devront être revêtus de l'étiquette ou de la marque du fabricant.

ART. 4.

Les opérations ne pourront avoir lieu, à l'entrée, que par les bureaux où il existe un entrepôt; à la sortie, que par les douanes de Bayonne, Bordeaux, Lille, Marseille, Nantes et Paris (1). Les déclarations seront faites au nom et sous la responsabilité des fabricants.

ART. 5.

Toute manœuvre ayant pour objet de faire admettre comme purs des chocolats mélangés entraînera pour le fabricant la déchéance du régime de l'admission temporaire, indépendamment des pénalités résultant de l'article 5 de la loi du 5 juillet 1836.

Dispositions abrogées :

ART. 6.

Par dérogation aux dispositions du paragraphe 1er de l'article 2 du présent décret, les chocolats exportés par la frontière de la Belgique ne seront comptés pour la décharge de soumissions d'admission temporaire qu'à raison de 38 kilogrammes de cacao et de 38 kilo-

(1) En outre, par les douanes de La Rochelle, La Pallice et les bureaux pourvus d'un laboratoire.

Dispositions maintenues. | Dispositions abrogées.

DÉCRET DU 17 AOÛT 1880. (Suite.)

grammes 700 grammes de sucre raffiné ou d'une quantité équivalente de sucre brut par 100 kilogrammes de chocolat.

ART. 7.

Toutes dispositions antérieures sont rapportées.

DÉCRET DU 18 SEPTEMBRE 1880.

ART. 1er.

A dater du 1er octobre 1880, les dispositions du 1er paragraphe de l'article 1er du décret du 8 août 1878 sont modifiées comme suit : le sucre cristallisable existant en cet état dans les fruits confits, les confitures et les bonbons exportés à l'étranger et aux colonies et possessions françaises (l'Algérie comprise), donnera droit à la décharge des obligations d'admission temporaire de sucres bruts souscrites dans les conditions réglementaires.

ART. 2.

Le paragraphe 1er de l'article 3 sera également, à dater de la même époque, modifié ainsi qu'il suit : le sucre cristallisable constaté dans les fruits confits, bonbons et confitures sera considéré comme sucre raffiné.

ART. 3.

Les autres dispositions du décret du 8 août 1878 sont maintenues.

Dispositions maintenues. | **Dispositions abrogées.**

Décret du 3 octobre 1883.

ARTICLE PREMIER.

Les dispositions des décrets des 8 août 1878 et 18 septembre 1880, relatifs aux fruits confits, confitures et bonbons imputables à la décharge des admissions temporaires de sucres seront appliquées, sous les conditions déterminées par ces décrets, aux biscuits sucrés exportés à destination de l'étranger ou des colonies et possessions françaises (l'Algérie comprise).

Loi du 29 juillet 1884.

ARTICLE PREMIER.

Les droits sur les sucres de toute origine et les glucoses indigènes livrés à la consommation sont fixés ainsi qu'il suit, décimes et demi-décime compris :

Sucres bruts et raffinés, 50 francs par 100 kilogrammes de sucre raffiné.

Sucre candi, 53 fr. 50 par 100 kilogrammes.

Glucoses, 10 francs par 100 kilogrammes.

Sont, en outre, modifiés comme suit les droits des dérivés du sucre énumérés ci-après :

Mélasses autres que pour la distillation, ayant en richesse saccharine absolue 50 p. 0/0 ou moins, 15 francs par 100 kilogrammes ;

Mélasses autres que pour la distilla-

Dispositions maintenues. **Dispositions abrogées.**

Loi du 29 juillet 1884. (Suite.)

tion, ayant en richesse saccharine absolue plus de 50 p. 0/0, 32 francs par 100 kilogrammes;

Chocolat, 93 francs par 100 kilogrammes.

ART. 2.

Les droits sur les sucres bruts ou raffinés de toute origine, employés au sucrage des vins, cidres et poirés, avant la fermentation, sont réduits à 20 francs les 100 kilogrammes de sucre raffiné.

Un règlement d'administration publique déterminera préalablement les mesures applicables à l'emploi de ces sucres.

ART. 3.

Tout fabricant de sucre indigène pourra contracter avec l'Administration des contributions indirectes un abonnement en vertu duquel les quantités de sucre imposable seront prises en charge d'après le poids des betteraves mises en œuvre.

Cette prise en charge sera définitive, quels que soient les manquants ou les excédents qui pourront se produire.

Elle aura lieu aux conditions ci-après :

Procédés de fabrication :	Rendement par 100 kil. de betteraves :
Diffusion ou tout autre procédé analogue.........	*6 kil. sucre raffiné.*
Presses continues ou hydrauliques..	*5 kil. sucre raffiné.*

Dispositions maintenues. | **Dispositions abrogées.**

LOI DU 29 JUILLET 1884. (Suite.)

Les sucres, sirops et mélasses obtenus dans les fabriques abonnées en excédent du rendement légal seront assimilés au sucre libéré d'impôt.

Pendant les trois campagnes de fabrication 1884-1885, 1885-1886 et 1886-1887, il sera alloué aux fabricants non abonnés un déchet de 8 p. 0/0 sur le montant total de leur fabrication.

Un décret déterminera les obligations qui seront imposées aux fabricants abonnés pour la garantie des intérêts du Trésor.

ART. 4.

A partir du 1er septembre 1887, les quantités de sucre imposable seront prises en charge dans toutes les fabriques d'après le poids des betteraves mises en œuvre quel que soit le procédé d'extraction des jus. (1).

Les rendements seront fixés comme suit par 100 kilogrammes de betteraves (2) :

Campagne 1887-1888, 6 kil. 250 de sucre raffiné.

Campagne 1888-1889, 6 kil. 500 de sucre raffiné.

---

(1) *Les fabriques-distilleries existantes en 1884 continueront à être placées sous le régime de la perception à l'effectif (article 2 de la loi du 4 juillet 1887).*

(2) *Rendements relevés par l'article 1er de la loi du 4 juillet 1887.*

Dispositions maintenues. **Dispositions abrogées.**

LOI DU 29 JUILLET 1884. (Suite.)

Campagne 1889-1890, 6 kil. 750 de sucre raffiné.

Campagne 1890-1891, 7 kil. de sucre raffiné.

ART. 5.

Les sucres des colonies françaises importés directement en France auront droit à un déchet de fabrication de 12 p. 0/0. (1).

ART. 6.

Les sucres en grains ou petits cristaux, agglomérés ou non, seront reçus à la décharge des comptes d'admission temporaire de sucres bruts, pour la quantité de sucre raffiné qu'ils seront reconnus représenter, lorsque leur rendement net, établi conformément aux dispositions de la loi du 19 juillet 1880, sera au moins de 98 p. o/o. (1).

ART. 7.

La taxe complémentaire de 10 francs par 100 kilogrammes établie par l'article 1er sera appliquée aux sucres de toute espèce déjà libérés d'impôt, ainsi qu'aux matières en cours de fabrication,

---

(1) Tous les sucres en grains titrant au minimum 65° sont maintenant admis à la décharge des comptes d'admission temporaire sous la déduction, à titre de déchet, de 1 1/2 o/o du rendement (article 5 de la loi du 4 juillet 1887 et 6 de la loi du 30 mars 1888).

(1) Modifié par l'article 2 de la loi du 13 juillet 1886.

Dispositions maintenues. **Dispositions abrogées.**

LOI DU 29 JUILLET 1884. (Suite.)

également libérées d'impôt, existant, au moment de la promulgation de la présente loi, dans les raffineries, fabriques ou magasins, ou dans tous autres lieux en la possession des raffineurs, fabricants ou commerçants; les quantités seront reprises par la voie d'inventaire; seront toutefois dispensées de l'inventaire les quantités n'excédant pas 1,000 kilogrammes de sucre raffiné.

ART. 8.

Les fabricants et raffineurs auront à souscrire des soumissions complémentaires en garantie du droit de 10 francs par 100 kilogrammes pour les sucres de toute espèce et les matières en cours de fabrication placés sous le régime de l'admission temporaire.

L'apurement de ces soumissions aura lieu dans les conditions appliquées au moment de la mise en vigueur de la loi du 30 décembre 1873.

ART. 9.

Le rendement minimum fixé par l'article 18 de la loi du 19 juillet 1880 sera porté à 80 p. 0/0 pour les sucres d'origine européenne ou importés des entrepôts d'Europe.

Il s'agit ici du minimum pour le calcul des droits à percevoir à l'importation.

Dispositions maintenues.	Dispositions abrogées.

Loi du 29 juillet 1884. (Suite.)

ART. 10.

A partir de la promulgation de la présente loi, et jusqu'au 31 août 1886, les sucres bruts et les sucres non assimilés aux sucres raffinés, importés des pays d'Europe ou des entrepôts d'Europe, seront frappés d'une surtaxe non remboursable de 7 francs par 100 kilogrammes.

ART. 11.

Les dispositions des lois antérieures continueront d'être appliquées en tout ce qui n'est pas contraire à la présente loi.

Décret du 31 juillet 1884.

ARTICLE PREMIER.

Les fabricants de sucre qui désirent se placer sous le régime de l'abonnement créé par l'article 3 de la loi du 29 juillet 1884 sont tenus d'en faire la déclaration au bureau de la Régie, pour la prochaine campagne, le 20 août prochain au plus tard, et, pour les deux campagnes suivantes, un mois au moins avant le commencement des travaux de fabrication.

Cette déclaration s'applique à toute la durée de la campagne.

Dispositions maintenues.	Dispositions abrogées.

DÉCRET DU 31 JUILLET 1884. (Suite.)

ART. 2.

Dans les fabriques abonnées et dans les râperies qui en dépendent, aucune quantité de betteraves ne peut être mise en œuvre sans avoir été préalablement pesée sous les yeux des agents de la Régie.

Les pesées s'effectuent immédiatement avant l'introduction des betteraves dans la râpe ou dans le coupe-racines. Elles doivent être d'un poids uniforme de 500 kilogrammes, ou plus, pourvu que ce poids soit un multiple de 100.

Le personnel et le matériel nécessaires au pesage sont fournis par les fabricants.

ART. 3.

Les pesées s'effectuent au moyen d'une bascule contrôlée par le service des poids et mesures et munie d'un compteur automatique enregistrant le nombre de pesées successivement opérées. Ce compteur doit être protégé contre toute atteinte extérieure par un globe en verre scellé au moyen d'un cadenas dont la clef reste entre les mains du service.

L'Administration peut exiger, en outre, que la bascule soit pourvue d'un appareil imprimant le poids de chaque pesée.

Le récipient contenant les betteraves amenées sur la bascule ne doit pas avoir une capacité supérieure à celle qui correspond au poids uniforme adopté pour chaque pesée.

Dispositions maintenues.	Dispositions abrogées.

DÉCRET DU 31 JUILLET 1884. (Suite.)

ART. 4.

Il est mis gratuitement à la disposition du service, dans le local affecté à la pesée des betteraves, un bureau clos au moyen de parois vitrées, chauffé, éclairé et garni du mobilier nécessaire.

Le fléau de la bascule doit aboutir à l'intérieur de ce bureau.

ART. 5.

L'agencement du matériel et des locaux doit répondre aux conditions générales énumérées ci-après :

Le coupe-racines ou la râpe doit être agencé de manière à ne pouvoir être alimenté qu'au moyen de betteraves venant de la bascule sous les yeux des employés.

A cet effet, la bascule et le local où se trouve le bureau sont séparés du coupe-racines ou de la râpe par un grillage à mailles fortes et suffisamment rapprochées, dans lequel il n'existe, pour l'introduction des betteraves, qu'une seule ouverture ayant exactement la dimension nécessaire pour livrer passage au récipient contenant les betteraves.

L'Administration peut exiger, en outre, que cette ouverture soit elle-même fermée par une porte, s'ouvrant à chaque introduction de betteraves et se refermant automatiquement en actionnant le compteur placé sous verre, comme celui de la bascule ou du récipient.

Dispositions maintenues. | **Dispositions abrogées.**

DÉCRET DU 31 JUILLET 1884. (Suite.)

Les installations destinées à assurer l'exécution des dispositions qui précèdent ne peuvent fonctionner qu'après avoir été agréées par l'Administration.

ART. 6.

Les employés sont autorisés à prélever, aussi souvent qu'ils le jugent nécessaire et sans que l'Administration soit tenue d'en payer la valeur, une ou plusieurs betteraves sur celles qui sont soumises à la pesée, afin de les soumettre à une analyse ayant pour but de constater, à titre de contrôle, leur richesse saccharine.

ART. 7.

Les employés inscrivent sur un carnet spécial le nombre des pesées effectuées. Chaque jour, ce carnet est arrêté par le chef de service de la fabrique, et les quantités de sucre raffiné correspondant au poids des betteraves mises en œuvre sont prises en charge au compte général de la fabrication.

Sont, en outre, prises en charge à ce même compte, s'il y a lieu, les quantités de sucre que représente le poids des betteraves mises en œuvre dans les râperies annexes.

ART. 8.

Les fabricants *abonnés* sont autorisés à recevoir, en tout temps, des sucres bruts et des mélasses libérées

Dispositions maintenues. | **Dispositions abrogées.**

DÉCRET DU 31 JUILLET 1884. (Suite.)

ou non libérées d'impôt expédiés par d'autres fabricants *placés sous le même régime.*

Ces produits sont pris en charge au compte de fabrication du destinataire pour une quantité de sucre raffiné, imposable *ou non imposable*, égale à celle qui a été portée en décharge au compte de l'expéditeur.

ART. 9.

Le compte général de la fabrication est successivement déchargé des quantités expédiées en vertu de titres de mouvement réguliers.

Ces quantités sont imputées, *au choix du fabricant*, et jusqu'à due concurrence, *soit* aux charges imposables, *soit aux charges non imposables.*

Elles sont évaluées en raffiné, savoir :

Les sucres bruts, d'après leur rendement présumé au raffinage déterminé dans les conditions spécifiées à l'article 18 de la loi du 19 juillet 1880.

. . . .

ART. 9.

. . . .

Les mélasses, d'après la richesse saccharine qui leur est attribuée par l'expéditeur, sans que cette richesse puisse être déclarée au-dessous de 15 p. 100.

Toutefois, les mélasses expédiées, soit sur une distillerie, soit à l'étranger, ne donnent lieu à aucune décharge.

ART. 10.

Il est fait, avant la reprise et après la cessation des travaux de chaque campagne, un inventaire général des produits de la fabrication.

ART. 10.

. . . .

Si, avant le moment fixé pour l'inventaire de fin de campagne, les charges du compte de fabrication se trouvent

Dispositions maintenues. | **Dispositions abrogées.**

DÉCRET DU 31 JUILLET 1884. (Suite.)

Les manquants que fait apparaître la balance du compte général de fabrication sont passibles du droit. Les excédents sont pris en charge *comme produits non imposables.*

couvertes par les sorties régulièrement effectuées, les quantités restant en la possession du fabricant sont considérées comme produits libérés d'impôt.

....

ART. 11.

Il est mis à la disposition des fabricants *abonnés* un registre destiné à présenter les résultats de l'épuration des masses cuites et des sirops.

Ils y inscrivent, pour chaque opération de turbinage :

1° L'heure à laquelle commence l'opération;

2° L'heure à laquelle cesse l'opération;

3° La nature et le volume des masses cuites ou sirops passés par les turbines;

4° Le poids des sucres extraits des appareils.

Les indications de ce registre sont contrôlées par le service; elles servent de base à la prise en charge au compte auxiliaire des sucres achevés.

ART. 12.

Les fabricants abonnés seront affranchis des obligations imposées par les articles 6, 8, 10, 12, 13 et 14 du règlement du 1er septembre 1852. Toutefois,

Dispositions maintenues. | **Dispositions abrogées.**

DÉCRET DU 31 JUILLET 1884. (Suite)

lors des inventaires, ils sont tenus de déclarer au service les quantités de produits en cours de fabrication existant dans l'usine, ainsi que les quantités de sucre raffiné que ces produits représentent.

ART. 13.

Par dérogation à l'article 11 de la loi du 31 mai 1846, l'enlèvement des mélasses est autorisé, dans les fabriques *abonnées,* à destination des établissements soumis à l'exercice en vertu du 1er paragraphe de l'article 3 du décret-loi du 27 mars 1852.

Les dispositions des articles 8 à 12 du présent décret sont applicables à ces établissements.

LOI DU 13 JUILLET 1886.

ARTICLE PREMIER.

La surtaxe de 7 francs, sur les sucres bruts non assimilés aux sucres raffinés importés des pays d'Europe ou des entrepôts d'Europe, qui expirait le 31 août 1886, est prorogée jusqu'au 31 août 1888.

Dispositions maintenues. **Dispositions abrogées.**

LOI DU 13 JUILLET 1886. (Suite.)

ART. 2.

Les sucres exportés des colonies françaises, à destination de la métropole, auront droit à un déchet de fabrication égal à la moyenne des excédents de rendement obtenus par la sucrerie indigène pendant la dernière campagne de fabrication.

Par campagne, on entendra la période de fabrication comprise entre le 1er septembre de chaque année et le 31 août de l'année suivante.

Pour la campagne 1886-1887, le déchet de fabrication de 12 p. 100, alloué aux colonies françaises par la loi du 29 juillet 1884, sera porté à 24 p. 100.

N'auront droit à cette allocation que les sucres dont la vérification au port d'embarquement aura eu lieu antérieurement au 1er septembre 1887.

Des décrets du Président de la République, rendus sur le rapport du Ministre de la marine et des colonies et du Ministre des finances, détermineront les bureaux par lesquels les sucres des colonies françaises pourront être exportés avec réserve des déchets de fabrication.

Les sucres des colonies françaises dûment vérifiés aux ports d'embarquement pourront, après leur arrivée dans la métropole, être réexportés à l'étranger. Les quantités représentant le déchet de fabrication devront seules être

Dispositions maintenues. **Dispositions abrogées.**

LOI DU 13 JUILLET 1886. (Suite.)

mises à terre; le surplus de la carguison pourra être réexporté après constatation de son existence à bord.

Les sucres exportés par d'autres bureaux que ceux déterminés par les décrets du Président de la République n'auront droit au déchet de fabrication qu'à la condition d'être débarqués et vérifiés dans un bureau de la métropole.

Les intéressés auront, d'ailleurs, la faculté de faire surseoir, jusqu'à l'arrivée dans la métropole, à la vérification des sucres exportés par les bureaux désignés ainsi qu'il a été précédemment indiqué.

ART. 3.

Il sera établi dans les colonies de la Guadeloupe, de la Martinique et de la Réunion, des laboratoires pour l'analyse des sucres exportés. Ces laboratoires dépendront de l'Administration des douanes de la métropole. Le personnel en sera nommé d'après les règles applicables aux laboratoires métropolitains.

ART. 4.

Un décret du Président de la République, rendu sur le rapport du Ministre des finances, fixera chaque année la somme à inscrire aux budgets coloniaux pour couvrir les frais de personnel et de matériel du laboratoire, et pour assurer le fonctionnement du service des Douanes dans les bureaux ouverts à l'exportation des sucres.

Dispositions maintenues.	Dispositions abrogées.

LOI DU 27 MAI 1887.

ARTICLE PREMIER.

Une surtaxe temporaire de 20 p. 100 est établie sur les sucres imposables de toute origine, y compris les sucres bruts, raffinés ou candis, qui sont déclarés pour le sucrage des vins et cidres et sur les glucoses livrées à la consommation jusqu'au 31 décembre 1887.

Sont soumis, jusqu'à la même époque: à une taxe spéciale équivalente, payable au comptant à la sortie des fabriques ou à l'importation des colonies (10 francs par 100 kilogrammes de sucre raffiné) les sucres exonérés de ces droits, à titre de déchets de fabrication ou d'excédents de rendement, en vertu des lois du 29 juillet 1884 et du 13 juillet 1886.

Sont, en outre, jusqu'à la même époque, modifiés comme suit les droits des dérivés du sucre énumérés ci-après :

Mélasses autres que pour la distillation, ayant en richesse saccharine absolue 50 p. 100 ou moins : 18 francs par 100 kilogrammes.

Mélasses autres que pour la distillation, ayant en richesse saccharine absolue plus de 50 p. 100 : 38 fr. 40 par 100 kilogrammes.

Chocolat : 98 fr. 40 par 100 kilogrammes.

Dispositions maintenues.	Dispositions abrogées.

LOI DU 27 MAI 1887. (Suite.)

ART. 2.

La nouvelle taxe établie par l'article précédent sera appliquée aux sucres de toute espèce libérés d'impôt ou assimilés, ainsi qu'aux matières en cours de fabrication, également libérées d'impôt, existant au moment de la promulgation de la présente loi, dans les raffineries, fabriques, magasins ou autres lieux, en la possession des raffineurs, fabricants ou commerçants. Les quantités seront reprises par voie d'inventaire, après déclaration faite par les détenteurs.

Toute quantité non déclarée donnera lieu au payement, en sus de la surtaxe, d'une amende double de ladite surtaxe.

Sont dispensées de l'inventaire les quantités n'excédant pas 500 kilogrammes de sucre raffiné.

ART. 3.

Les fabricants et raffineurs auront à souscrire des soumissions complémentaires en garantie de la surtaxe édictée par la présente loi, pour les sucres de toute espèce et les matières en cours de fabrication classés sous le régime de l'admission temporaire.

L'apurement de ces soumissions aura lieu dans les conditions appliquées au moment de la mise en vigueur des lois du 30 décembre 1873 et du 29 juillet 1884.

Dispositions maintenues. **Dispositions abrogées.**

LOI DU 27 MAI 1887. (Suite.)

ART. 4.

Il sera procédé à l'inventaire des sucres et des sirops de toute nature (à l'exception des mélasses) qui existeront dans les raffineries à la date du 1er janvier 1888.

Les sucres raffinés seront comptés pour leur poids intégral et les sucres candis pour 7 p. 100 en sus. Les autres sucres et les sirops en cours de fabrication seront évalués en sucre raffiné. Le rendement en sera calculé avec les coefficients de 4 pour les cendres et de 2 pour la glucose.

Il sera déduit du chiffre total de l'inventaire les quantités de sucre raffiné afférentes aux obligations d'admission temporaire non encore apurées.

Le surplus donnera droit à une restitution de 10 francs par 100 kilogrammes de sucre raffiné.

La restitution s'opérera au moyen de certificats d'inventaire établissant la somme revenant aux ayants droit. Ces certificats seront reçus, jusqu'à due concurrence, avant le 1er avril 1888, en payement des droits au comptant sur les sucres livrés à la consommation.

A partir du 16 décembre prochain, les employés des douanes et des contributions indirectes devront être admis dans les raffineries à toute heure de jour et de nuit. Ils pourront en suivre les opérations et procéder à toutes les cons-

Dispositions maintenues. **Dispositions abrogées.**

LOI DU 27 MAI 1887. (Suite.)

tatations et vérifications préparatoires qu'ils jugeront nécessaires.

Les obligations d'admission temporaire pour lesquelles il n'aura pas été représenté, au moment de l'inventaire, des quantités correspondantes de sucres raffinés ou de matières en cours de fabrication, ne pourront être apurées qu'au moyen de certificats d'exportation ou d'entrée en entrepôt antérieurs au 1er janvier 1888, ou par le payement du droit de 60 francs par 100 kilogrammes sur les quantités de sucre raffiné prises en charge.

LOI DU 4 JUILLET 1887.

ARTICLE PREMIER.

Les dispositions de l'article 4 de la loi du 29 juillet 1884 sont modifiées comme suit :

A partir du 1er septembre 1887, le rendement légal par 100 kilogrammes de betteraves mises en œuvre dans les fabriques de sucre sera ainsi fixé :

Campagne de 1887-1888 : 7 kilogrammes de sucre raffiné ;

Campagne de 1888-1889 : 7 kilog. 25 de sucre raffiné ;

Campagne de 1889-1890 : 7 kilog. 50 de sucre raffiné ;

Campagne de 1890-1891 : 7 kilog. 75 de sucre raffiné.

Dispositions maintenues.	Dispositions abrogées.

LOI DU 4 JUILLET 1887. (Suite.)

ART. 2.

Les fabricants dont les usines étaient déjà installées au moment de la promulgation de la loi du 29 juillet 1884, en vue d'utiliser les jus des mêmes betteraves à la fabrication simultanée du sucre et de l'alcool, seront maintenus exceptionnellement sous le régime de la constatation à l'effectif et bénéficieront d'un déchet de fabrication de 12 p. 0/0.

ART. 3.

Toute infraction aux prescriptions de la présente loi et des règlements qui seront rendus pour son exécution, ainsi que les contraventions aux lois antérieures, seront punies des peines portées par l'article 3 de la loi du 30 décembre 1873.

Toute manœuvre ayant pour but de fausser les appareils de pesage, de tromper sur le poids des betteraves mises en œuvre, entraînera, en outre, le remboursement du double des droits sur les quantités de sucre qui, par ce moyen, auront dû être soustraites à la prise en charge depuis le commencement de la campagne, et du quadruple de ces droits en cas de récidive.

ART. 4.

Lorsqu'un procès-verbal, constatant une contravention aux prescriptions de

Dispositions maintenues. — **Dispositions abrogées.**

LOI DU 4 JUILLET 1887. (Suite.)

la présente loi, aura été dressé par un seul agent des contributions indirectes, il ne fera foi en justice que jusqu'à preuve contraire, conformément aux articles 154 et suivants du Code d'instruction criminelle.

ART. 5.

A partir de la promulgation de la présente loi, les sucres bruts titrant au minimum 65 degrés et moins de 98 degrés (1) seront admis à la décharge des comptes d'admission temporaire d'après leur rendement net établi dans les conditions déterminées par l'article 18 de la loi du 19 juillet 1880, sous la déduction, à titre de déchet, de 1 1/2 p. 0/0 de ce rendement.

ART. 6.

Seront admises en décharge à raison de 14 p. 100 de leur poids, au compte des fabricants qui n'emploieront pas le procédé de l'osmose, les mélasses ayant au moins 44 p. 100 de richesse saccharine absolue, lorsqu'elles seront expédiées en distillerie ou à l'étranger.

ART. 7.

Pour couvrir le Trésor du surcroît de dépenses que peut nécessiter l'application du régime institué en faveur

(1) L'article 6 de la loi du 30 mars 1888 a accordé la déduction de 1 1/2 p. 0/0 aux sucres titrant au minimun 98 degrés à la décharge des comptes d'admission temporaire.

Dispositions maintenues. | **Dispositions abrogées.**

LOI DU 4 JUILLET 1887. (Suite.)

de l'industrie sucrière par la loi du 29 juillet 1884, chaque fabricant sera tenu de verser, à dater du 1er septembre prochain, dans la caisse du receveur principal des contributions indirectes, une redevance dont le montant est fixé à trente centimes par mille kilogrammes de betteraves mises en œuvre.

Cette redevance sera payée en trois termes, savoir : au 31 décembre, sur le tiers des quantités constatées à cette date, au 31 mars et au 31 mai, par moitié sur le surplus.

DÉCRET DU 25 AOÛT 1887.

ARTICLE PREMIER.

Aucune installation pour le pesage des betteraves dans les fabriques de sucre et dans les râperies annexes ne peut fonctionner qu'après avoir été agréée chaque année par l'Administration.

Les appareils de pesage doivent satisfaire aux conditions particulières que déterminera l'Administration, et notamment aux conditions générales indiquées ci-après :

Tout système dans lequel le wagonnet est mobile comporte deux pesées indépendantes : la pesée faite par l'ouvrier pour régler la charge et la pesée de contrôle.

Tout système à benne oscillante est

Dispositions maintenues. | **Dispositions abrogées.**

DÉCRET DU 25 AOÛT 1887. (Suite.)

muni d'un obturateur, fonctionnant automatiquement, et s'opposant à toute introduction de betteraves dès que la benne a reçu sa charge normale.

Dans tout système à benne fixe, il est établi, entre le couvercle et la porte de décharge, une relation étroite telle que la porte ne puisse commencer à s'ouvrir avant que le couvercle ait été fermé, et réciproquement.

Les bennes fixes ou oscillantes doivent être protégées, du côté de l'ouvrier, par une cloison résistante, isolant l'ouvrier de l'appareil de pesage.

ART. 2.

Tout appareil de pesage doit être muni d'un mécanisme (verrou de sûreté) qui s'oppose d'une manière absolue au déchargement de la benne ou au passage du wagonnet tant que la pesée n'est pas exactement réglée.

Tout système de pesage comporte deux compteurs protégés contre toute atteinte.

L'un des compteurs doit être actionné soit par le passage du wagonnet (système à wagonnets mobiles), soit par le renversement de la benne (bennes oscillantes), soit par l'ouverture de la porte de décharge (bennes fixes). Dans ces deux derniers systèmes, ce compteur doit enregistrer la pesée au moment même où commence soit le mouvement

Dispositions maintenues. | **Dispositions abrogées.**

DÉCRET DU 25 AOÛT 1887. (Suite.)

d'inflexion de la benne, soit l'ouverture de la porte de décharge.

L'Administration détermine, suivant les circonstances, l'emplacement du deuxième compteur.

Ce compteur est enfermé dans une boîte à parois opaques, dont la clef reste entre les mains des employés de la régie, et sur laquelle les vérificateurs peuvent apposer un scellé.

ART. 3.

Les organes essentiels des appareils, tels que les articulations qui actionnent les compteurs, les pièces qui, dans les bennes fixes, assurent la solidarité de la porte et du couvercle, doivent être rivés.

Les employés sont autorisés à apposer des scellés sur les points d'attache des grillages qui séparent l'atelier de pesage du coupe-racines, et, en général, partout où ils le jugent nécessaire.

ART. 4.

L'instrument de pesage doit être soit une balance à bras égaux ou dans le rapport de 1 à 2, soit une bascule au dixième.

Les organes essentiels de l'instrument de pesage, le plateau supportant les poids, les index, doivent être mis à l'abri de toute atteinte.

Dispositions maintenues.	Dispositions abrogées.

DÉCRET DU 25 AOÛT 1887. (Suite.)

Les pesées se font à poids réel, mais constant, par périodes indéterminées.

Par dérogation aux dispositions de l'article 2 du décret du 31 juillet 1884, le poids de la charge normale est déterminé en retranchant 5 p. 100 du poids maximum que la benne ou le wagonnet peut contenir.

Dans aucun cas, les pesées ne peuvent être inférieures à 500 kilogrammes.

ART. 5.

Si, en cours de fabrication, un appareil de pesage cesse de fournir les garanties exigées, le travail des betteraves doit être suspendu jusqu'à ce que cet appareil ait été remis en bon état ou remplacé.

ART. 6.

Les fabricants sont tenus de ménager un accès facile et direct de la porte de l'usine à l'atelier de pesage.

Cet atelier doit être parfaitement éclairé dans toutes ses parties, de nuit comme de jour. L'accès en est interdit à toute personne dont la présence n'est pas nécessaire pour la manœuvre.

Le local où se tient l'employé doit être aéré, salubre et de dimensions suffisantes. Il doit être agencé de telle sorte que, de sa place, l'employé ait sous les yeux tous les détails de l'appareil de pesage, qu'il puisse voir tous les mouve-

Dispositions maintenues. | **Dispositions abrogées.**

DÉCRET DU 25 AOÛT 1887. (Suite.)

ments de l'ouvrier et surveiller l'accès du coupe-racines. Il doit être en communication directe avec l'atelier de pesage.

Dans les systèmes à bennes fixes ou oscillantes, l'appareil doit être installé dans des conditions telles que l'on puisse en faire le tour.

Les fabricants sont tenus de faire établir autour du bureau de l'employé les cloisons vitrées ou les grillages que l'Administration jugera nécessaires, et de supprimer celles qui nuiraient à la surveillance.

Le soin de tenir ce bureau en bon état de propreté incombe au fabricant.

ART. 7.

Les fabricants sont tenus de fournir le matériel (bascules ordinaires, poids, etc.), ainsi que les ouvriers nécessaires pour toutes les vérifications auxquelles les agents de l'administration jugent utile de procéder.

ART. 8.

Un mois au moins avant le commencement des travaux, chaque fabricant doit remettre en triple expédition au chef du service de surveillance de l'usine le plan descriptif de l'appareil de pesage (plan, élévation, profil), ainsi que le

Dispositions maintenues.	Dispositions abrogées.

DÉCRET DU 25 AOÛT 1887. (Suite.)

plan de l'installation générale de l'atelier. Ces plans, certifiés exacts dans toutes leurs parties, doivent être établis : le premier, à l'échelle de 1/10; le second, à l'échelle de 1/20.

Il est interdit au fabricant d'apporter aucun changement, soit dans le matériel de pesage, soit dans l'agencement général de l'atelier, sans en avoir fait préalablement la déclaration et sans en avoir obtenu l'assentiment des agents de surveillance.

Les installations de pesage doivent être complètes un mois avant le commencement des travaux.

ART. 9.

Les betteraves sont dirigées directement du laveur sur l'atelier de pesage.

L'emploi de tout procédé autre que l'égouttage pur et simple sur les élévateurs ou sur une toile animée d'un mouvement de trépidation est formellement interdit.

ART. 10.

Les fabricants ayant des osmogènes en leur possession sont tenus d'en faire la déclaration par écrit.

Ceux qui voudront bénéficier des dispositions de l'article 6 de la loi du 4 juillet 1887 devront, avant le commencement des travaux de la campagne, démonter leurs osmogènes ou les faire placer sous scellés.

Dispositions maintenues.	**Dispositions abrogées.**

DÉCRET DU 25 AOÛT 1887. (Suite.)

Dispositions abrogées :

ART. 11.

Les fabricants sont tenus de mettre à la disposition des employés, lorsqu'ils en sont requis, une râpe, une presse à main et tous les accessoires nécessaires pour les essais de betteraves.

ART. 12.

Au moment même où l'on procède au chargement d'un diffuseur, les fabricants doivent inscrire, sur un registre que l'Administration met à leur disposition, et qu'ils sont tenus de représenter à toute réquisition, le numéro de ce diffuseur et l'heure exacte à laquelle a lieu l'opération.

Les diffuseurs doivent être chargés à tour de rôle, sans interruption dans la série.

Dans les fabriques qui n'ont pas la diffusion, les opérations de défécation sont constatées dans la forme prescrite par l'article 8 du règlement du 1er septembre 1852.

Dispositions maintenues :

ART. 13.

Un *autre* registre, également fourni par l'Administration, présente les résultats de la cuite et de la mise aux bacs des sirops et masses cuites.

Dispositions maintenues. | **Dispositions abrogées.**

DÉCRET DU 25 AOÛT 1887. (Suite.)

Les fabricants y inscrivent :

1° L'heure à laquelle les sirops commencent à couler dans les bacs, et la nature de ces sirops ;

2° Les numéros des bacs emplis, le volume des sirops qui y ont été versés, l'heure à laquelle l'opération a été terminée.

ART. 14.

Les mélasses expédiées d'une fabrique *abonnée* sur un autre établissement soumis au même régime (fabrique ou sucraterie) sont portées en décharge au compte de fabrication à raison de *14 kilogrammes* de sucre raffiné par 100 kilogrammes de mélasse à titre imposable *ou non imposable, suivant le cas.* Elles sont prises en charge chez le destinataire pour une quantité de sucre raffiné égale à celle qui a été portée en décharge au compte de l'expéditeur.

ART. 15.

Avant la date de l'inventaire général qui suit la fin des travaux de défécation, les fabricants ne peuvent, en dehors des reprises et des entrées, effectuer des sorties à titre non imposable que si le montant des sorties imposables vient à dépasser la prise en charge correspondant au poids des betteraves déjà mises en œuvre.

Dispositions maintenues.	Dispositions abrogées.

DÉCRET DU 25 AOÛT 1887. (Suite.)

Dispositions abrogées :

Après cet inventaire général, les sorties peuvent être effectuées à titre imposable ou non imposable, proportionnellement aux restes de chaque espèce constatés lors de l'inventaire.

Toutefois, chez les fabricants qui n'emploient pas l'osmose, une quantité de raffiné représentant **10 p. 100** *de la prise en charge peut rester disponible, sur les charges imposables, jusqu'au jour de l'enlèvement des mélasses.*

Au fur et à mesure de cet enlèvement, la quotité laissée disponible est atténuée de la quantité de raffiné que représentent les mélasses expédiées.

Pour bénéficier de cette disposition, les fabricants doivent fournir une caution solvable, laquelle s'engage solidairement avec eux à payer les droits afférents à la portion de la prise en charge imposable qui, à l'expiration de la campagne, n'aurait pas encore été apurée.

Dispositions maintenues :

ART. 16.

Dans les fabriques *et dans les râperies annexes, indépendamment du bureau installé auprès de l'appareil de pesage*, les fabricants sont tenus de mettre à la disposition des employés, moyennant une redevance payée par l'Administration, une pièce convenable, mesurant au moins douze mètres carrés.

Dispositions maintenues.	Dispositions abrogées.

DÉCRET DU 25 AOÛT 1887. (Suite.)

Cette pièce sera garnie d'un poêle ou d'une cheminée, d'une table avec tiroirs fermant à clef, d'un casier, d'une armoire fermant à clef, de quatre chaises et d'un lit de camp avec matelas et couvertures.

Le prix du loyer sera fixé de gré à gré et, à défaut de fixation amiable, réglé par le préfet. Il comprendra l'entretien, le chauffage et l'éclairage.

ART. 17.

Toute contravention aux dispositions du présent décret sera punie des peines édictées par les lois du 30 décembre 1873 et du 4 juillet 1887.

ART. 18.

Les dispositions du décret du 31 juillet 1884 continueront d'être appliquées en tout ce qui n'est pas contraire au présent décret.

LOI DE FINANCES DU 17 DÉCEMBRE 1887.

ART. 6.

Les modifications apportées à titre temporaire dans le tarif des sucres et des dérivés du sucre, par l'article 1er de la loi du 27 mai 1887, continueront d'avoir leur effet jusqu'au 31 mars prochain.

Est prorogée d'une égale durée, l'exécution des dispositions de l'article 4 de la loi précitée.

Dispositions maintenues. | **Dispositions abrogées.**

Loi de finances du 30 mars 1888.

ART. 6.

Les dispositions de l'article 5 de la loi du 4 juillet 1887 sur le régime des sucres sont applicables aux produits visés par l'article 6 de la loi du 29 juillet 1884.

ART. 7.

Les modifications apportées, à titre temporaire, dans le tarif des sucres et des dérivés du sucre, par l'article 1er de la loi du 27 mai 1887, continueront d'avoir leur effet jusqu'au 31 décembre 1888.

Loi du 24 juillet 1888.

ARTICLE PREMIER.

A partir de la campagne 1888-1889, les droits sur les sucres bruts et raffinés de toute origine fixés par la loi du 29 juillet 1884 sont ramenés de 50 francs à 40 francs par 100 kilogrammes de sucre raffiné.

ART. 2.

A partir de la même époque, une surtaxe temporaire de 50 p. 0/0 est établie sur les sucres imposables de toute origine.

Sont soumis à une taxe spéciale équivalente, payable au comptant à la sortie des fabriques (20 fr. par 100 kil. de sucre raffiné) les sucres exonérés des droits à titre de déchets de fabrication, ou d'excédents de rendement, en vertu des lois des 29 juillet 1884 et 4 juillet 1887.

Néanmoins tous les excédents constatés dans les établissements exercés et

Dispositions maintenues. | **Dispositions abrogées.**

LOI DU 24 JUILLET 1888. (Suite.)

provenant des betteraves prises en charge et travaillées pendant la campagne 1887-1888, demeurent soumis jusqu'au 31 décembre 1888 au traitement actuellement en vigueur.

Est maintenu à 10 francs pour la campagne 1888-1889, conformément aux dispositions de la loi du 13 juillet 1886, la surtaxe des sucres coloniaux exonérés de droits à titre de déchets de fabrication. À partir du 1er septembre 1889, la surtaxe sur les sucres de cette catégorie sera portée à 20 francs.

ART. 3.

Les droits sur les sucres candis, les glucoses, les sucres employés au sucrage des vins, cidres et poirés, et sur les dérivés du sucre, continueront à être temporairement perçus conformément au tarif résultant de la loi du 27 mai 1887.

ART. 4.

La surtaxe de 7 francs sur les sucres bruts non assimilés aux sucres raffinés importés des pays d'Europe ou des entrepôts, qui expirait le 31 août 1888, est prorogée jusqu'au 31 août 1890.

LOI DE FINANCES DU 29 DÉCEMBRE 1888.

ART. 3.

Pour couvrir le Trésor du surcroît de dépenses que peut nécessiter l'application du régime institué par l'article 2

Dispositions maintenues. **Dispositions abrogées.**

LOI DE FINANCES DU 29 DÉCEMBRE 1888. (Suite.)

de la loi du 29 juillet 1884, chaque dénaturateur de sucres sera tenu de verser une redevance dont le montant est fixé à 1 franc par 100 kilogrammes de sucre mis en œuvre.

Cette redevance sera payée au moment même de la dénaturation et avant la décharge de l'acquit-à-caution.

DÉCRET DU 14 JANVIER 1889.

ARTICLE PREMIER.

Les dispositions des décrets des 8 août 1878 et 18 septembre 1880, relatifs aux fruits confits, confitures et bonbons imputables à la décharge des admissions temporaires de sucres, sont applicables au sucre cristallisable existant dans le lait concentré exporté à l'étranger et aux colonies et possessions françaises (l'Algérie exceptée).

LOI DU 5 AOÛT 1890.

ARTICLE PREMIER.

A partir de la campagne 1890-1891, les sucres indigènes et coloniaux représentant des excédents de rendement ou des déchets de fabrication, en vertu des lois des 29 juillet 1884, 13 juillet 1886 et 4 juillet 1887, sont soumis à

Dispositions maintenues. | **Dispositions abrogées.**

LOI DU 5 AOÛT 1890. (Suite.)

une taxe spéciale de 30 francs par 100 kilogrammes de sucre raffiné.

Ces sucres sont admis dans les entrepôts réels en suspension du payement des drois dont ils sont passibles.

Les excédents constatés dans les établissements exercés et provenant des betteraves prises en charge et travaillées pendant la campagne 1889-1890 demeureront soumis, jusqu'au 31 décembre 1890, au tarif actuellement en vigueur.

ART. 2.

Sont soumis à une taxe de 24 francs par 100 kilogrammes de sucre raffiné, les sucres de toute origine employés au sucrage des vins, cidres et poirés.

ART. 3.

Les droits sur les sucres bruts, raffinés et candis, de toute origine, autres que ceux qui font l'objet des deux articles précédents, ainsi que les dérivés du sucre, continueront à être perçus conformément au tarif résultant des lois des 27 mai 1887 et 24 juillet 1888.

ART. 4.

Le droit sur les glucoses indigènes est porté à 13 fr. 50 par 100 kilogrammes, décimes et demi-décime compris.

Dispositions maintenues.	Dispositions abrogées.

Loi du 5 août 1890. (Suite.)

ART. 5.

La disposition du troisième paragraphe de l'article 18 de la loi du 19 juillet 1880, d'après laquelle les sucres ne peuvent être frappés des droits ou reçus en admission temporaire pour un rendement supérieur à 98 p. 0/0, quel que soit leur rendement présumé au raffinage, est abrogée.

ART. 6.

Le déchet de fabrication alloué aux fabricants de sucre distillateurs par l'article 2 de la loi du 4 juillet 1887 est porté à 20 p. 100, à partir de la campagne 1890-1891, pour les fabriques-distilleries qui existaient lors de la promulgation de la loi précitée.

ART. 7.

La surtaxe de 7 francs sur les sucres bruts non assimilés aux sucres raffinés importés des pays d'Europe ou des entrepôts, qui expirait le 31 août 1890, est prorogée jusqu'au 22 février 1892.

ART. 8.

Les raffineries de sucre sont soumises à la surveillance permanente des employés des contributions indirectes.

Dispositions maintenues. | **Dispositions abrogées.**

LOI DU 5 AOÛT 1890. (Suite.)

Cette surveillance s'exerce exclusivement à l'entrée et à la sortie (1) *des produits reçus ou expédiés par les raffineurs, sauf au moment des inventaires prévus à l'article 10 ci-après, auquel cas elle s'étend à tous les produits existant dans l'usine.*

ART. 9.

Il ne peut être introduit dans les raffineries que des sucres préalablement soumis aux droits ou placés en admission temporaire dans les conditions déterminées par les lois et règlements en vigueur et par l'article 5 ci-dessus.

Les droits perçus sont définitivement acquis à l'État, quel que soit le résultat final du raffinage.

ART. 10.

Il est tenu, par les employés de la régie, un compte d'entrées et de sorties (2) *des sucres reçus et expédiés par les raffineurs.*

. . . .

(1) Modifié par l'article 23 de la loi du 26 juillet 1893.

(2) Modifié par l'article 24 de la loi du 26 juillet 1893.

ART. 10.

. . . .

Un inventaire annuel est établi par les mêmes agents. Si, à la suite de cet inventaire, la balance du compte fait ressortir un excédent, cet excédent est ajouté aux charges et immédiatement frappé du droit plein, soit 60 francs par 100 kilogrammes d'après le tarif actuel.

Conformément au dernier paragraphe de l'article précédent, les manquants ne donnent lieu à aucune restitution de droits, ils sont simplement portés en sorties.

Dispositions maintenues. | Dispositions abrogées.

Loi du 5 août 1890. (Suite.)

Un inventaire sera effectué le jour même de la mise à exécution de la présente loi dans les raffineries qui existeront alors. Les quantités de sucre inventoriées seront inscrites au compte du raffineur comme produits libérés d'impôt.

ART. 11.

Les dispositions de l'article 4 de la loi du 31 mai 1846, avec les modifications qui y ont été apportées par les lois du 1er septembre 1871 (art. 6) et du 30 décembre 1873 (art. 2), seront rendues applicables aux raffineries.

ART. 12.

Un décret déterminera les conditions de la surveillance à exercer dans les raffineries et les obligations à remplir par les raffineurs (1).

ART. 13.

Une taxe de *huit centimes* (2) par 100 kilogrammes de sucre raffiné est perçue à titre de frais de surveillance sur les sucres en poudre de toute origine introduits dans les raffineries.

. . . .

---

(1) Voir l'article 27 de la loi du 26 juillet 1893.

(2) Modifié par l'article 26 de la loi du 26 juillet 1893.

Dispositions maintenues. | **Dispositions abrogées.**

LOI DU 5 AOÛT 1890. (Suite.)

Pour les sucres destinés à la consommation intérieure, cette taxe est exigible au moment de l'entrée des sucres dans les usines. Pour ceux qui y sont introduits sous le régime de l'admission temporaire, en vue de l'exportation après raffinage, elle est garantie par les soumissions. L'exonération de cette taxe est prononcée lorsque les soumissions sont apurées par des certificats d'exportation exclusivement délivrés pour des sucres raffinés.

ART. 14.

Les contraventions aux dispositions de la présente loi et aux prescriptions du décret qui sera rendu en exécution de l'article 12 ci-dessus seront punies des peines portées à l'article 3 de la loi du 30 décembre 1873.

ART. 15.

Les dispositions qui font l'objet des articles 2, 3, 4, 5, et 7 à 14 ci-dessus sont applicables à partir de la promulgation de la présente loi.

DÉCRET DU 25 OCTOBRE 1890. (EXERCICE DES RAFFINERIES.)

Entièrement abrogé et remplacé par le décret du 30 août 1893.

Dispositions maintenues.	Dispositions abrogées

DÉCRET DU 27 OCTOBRE 1890.

ARTICLE PREMIER.

Les dispositions des décrets des 8 août 1878 et 18 septembre 1880, relatives aux fruits confits, confitures et bonbons imputables à la décharge des admissions temporaires de sucre, seront appliquées, sous les conditions déterminées par ces décrets, aux liqueurs et aux sirops exportés à destination de l'étranger et des colonies et possessions françaises (l'Algérie exceptée.)

ART. 2.

Sont exclus du bénéfice de cette disposition les sirops, liqueurs ou fruits au sirop reconnus par les laboratoires de l'administration des douanes contenir des substances de nature à fausser le dosage du sucre.

LOI DU 29 JUIN 1891.

ARTICLE PREMIER.

A partir du 1er septembre prochain, et pour les campagnes suivantes, le rendement légal par 100 kilogrammes de betteraves mises en œuvre dans les fabriques de sucre indigène reste fixé à 7 kilogrammes 750 grammes.

Lorsque le rendement effectif de chaque fabrique ne dépasse pas 10 kilogrammes 500 grammes de sucre raffiné

Dispositions maintenues. | **Dispositions abrogées.**

LOI DU 29 JUIN 1891. (Suite.)

par 100 kilogrammes de betteraves, l'excédent est en totalité admis au bénéfice du droit réduit édicté par le premier paragraphe de l'article 1er de la loi du 5 août 1890.

La moitié de l'excédent obtenu en sus de 10 kilogrammes 500 grammes de sucre par 100 kilogrammes de betteraves n'est également passible que de ce même droit réduit; l'autre moitié est ajoutée aux charges imposables, au droit plein de 60 francs par 100 kilogrammes.

Aux fabricants qui, avant le 1er novembre de chaque année, déclarent au bureau de la régie qu'ils renoncent au bénéfice de la prime sur les excédents de rendement, il est alloué un déchet de 15 p. 0/0 sur le montant total de leur fabrication.

Les sucres correspondant à ce déchet sont passibles d'un droit égal à celui qui est applicable aux sucres représentant des excédents.

Sous l'un ou l'autre des deux régimes définis ci-dessus, la prise en charge fixée par le premier paragraphe du présent article est définitive, quels que soient les excédents et les manquants qui peuvent se produire.

ART. 2.

Le déchet de fabrication alloué aux fabricants-distillateurs par l'article 6 de la loi du 5 août 1890 est abaissé à 15 p. 0/0 à partir de la campagne 1891-92.

Dispositions maintenues.	Dispositions abrogées.

LOI DU 29 JUIN 1891. (Suite.)

ART. 3.

Les mélasses expédiées d'une fabrique sur une autre fabrique ou sur une sucraterie exercée sont portées en décharge, au compte de fabrication, à raison de 30 kilogrammes de sucre raffiné par 100 kilogrammes de mélasses. Elles sont prises en charge chez le destinataire pour une quantité de sucre raffiné égale à celle dont le compte de l'expéditeur a été déchargé.

Ne peuvent être expédiées dans ces conditions que les mélasses épuisées, n'ayant pas plus de 50 p. 100 de richesse saccharine absolue.

ART. 4.

Toute modification relative à la fixation de la prise en charge ou du déchet, qui ferait l'objet d'une nouvelle disposition législative, ne serait applicable qu'un an après la promulgation de la nouvelle loi.

Disposition transitoire.

ART. 5.

Pour la campagne 1890-91, il sera alloué un déchet de 15 p. 0/0 sur le montant total de leur fabrication aux fabricants de sucre qui, par une déclaration faite au bureau de la régie cinq jours au plus tard après la promulgation de la présente loi, renonceront au béné-

Dispositions maintenues. | Dispositions abrogées.

LOI DU 29 JUIN 1891. (Suite.)

fice de la prime sur les sucres obtenus en sus de la prise en charge légale.

L'avant-dernier paragraphe de l'article 1er ci-dessus est applicable aux sucres représentant ce déchet.

LOI DU 11 JANVIER 1892. (DOUANES.)

ARTICLE PREMIER.

Le tarif général des douanes et le tarif minimum relatifs à l'importation et à l'exportation sont établis conformément aux tableaux A et B annexés à la présente loi.

. . . .

ART. 13.

A partir de la promulgation de la présente loi, le bénéfice de l'admission temporaire ne pourra être accordé à aucune industrie qu'en vertu d'une disposition législative, après avis du Comité consultatif des arts et manufactures.

. . . .

Sont maintenues en vigueur les facultés actuellement concédées, en matière d'admission temporaire, en vertu de décisions antérieures à la présente loi, pour les produits suivants :

Sucres destinés au raffinage ou à la préparation des bonbons, fruits confits, etc.

Cacao et sucre destinés à la fabrication du chocolat.

LOI DU 11 JANVIER 1892. (Suite.) — TABLEAU A.

NUMÉROS.		DROITS. (Décimes compris.) TARIF GÉNÉRAL.	TARIF MINIMUM.
		fr. c.	fr. c.
90	Sucres des colonies et possessions françaises (A) — en poudre (y compris les poudres blanches) d'après leur rendement présumé au raffinage................	100 kilog. net (de sucre raffiné). 60 00	—
	Sucres des colonies et possessions françaises (A) — raffinés — autres que candis..	100 kilog. net (poids effectif). 60 00	—
	Sucres des colonies et possessions françaises (A) — raffinés — candis..........	64 20	—
91	Sucres étrangers.. — en poudre dont le rendement présumé au raffinage est de — 98 p. 100 ou moins — d'origine européenne ou importés des entrepôts d'Europe......	100 kilog. net (de sucre raffiné). 60 00 (plus 7 fr. par 100 kil. net sur le poids effectif)	—
	Sucres étrangers.. — en poudre dont le rendement présumé au raffinage est de — 98 p. 100 ou moins — d'origine extra européenne....	60 00	—
	Sucres étrangers.. — en poudre dont le rendement présumé au raffinage est de — plus de 98 p. 100.	100 kilog. net (poids effectif). 72 00	—
	Sucres étrangers.. — raffinés — autres que candis..	72 00	68 00
	Sucres étrangers.. — raffinés — candis..........	90 00	85 00
91	Mélasses — pour la distillation y compris les eaux d'exosmose — des colonies et possessions françaises (A)............	100 kilog. net. Exemptes.	Exemptes.
	Mélasses — pour la distillation y compris les eaux d'exosmose — des pays étrangers.	0 05	0 05
	Mélasses — autres que pour la distillation, ayant en richesse saccharine absolue — 50 p. 100 ou moins.	par degré de richesse saccharine absolue (B). 100 kilog. 22 50	18 00
	Mélasses — autres que pour la distillation, ayant en richesse saccharine absolue — plus de 50 p. 100.	48 00	38 40

(A) On ne considère comme produits des colonies et possessions françaises que ceux qui sont importés directement.

(B) Dans le cas où les déclarants, contestant les essais faits dans les laboratoires de douane, réclameraient l'expertise légale, celle-ci serait faite par des chimistes inscrits sur la liste générale prévue par l'article 9 de la présente loi et statuant dans les conditions fixées par l'article 4 de la loi du 7 mai 1881.

LOI DU 11 JANVIER 1892. — TABLEAU A. (Suite.)

NUMÉROS.		DROITS. (Décimes compris.) TARIF GÉNÉRAL.	TARIF MINIMUM.
		fr. c.	fr. c.
		100 kilog.	
93	Sirops, bonbons, fruits confits au sucre { des colonies et possessions françaises (A) / des pays étrangers }	Mêmes droits que le sucre raffiné.	
94	Biscuits sucrés { des colonies et possessions françaises (A)	Moitié des droits du sucre raffiné.	
	{ des pays étrangers	Moitié des droits du sucre raffiné et de la farine augmentés de : 10 00	6 00
95	Confitures { au sucre ou au miel (B) } { des colonies et possessions françaises (A) / des pays étrangers }	Moitié des droits du sucre raffiné.	
98	Chocolat { contenant plus de 55 p. 100 de cacao	150 00	—
	{ contenant 55 p. 100 de cacao ou moins	130 00	100 00
35ter	Lait concentré additionné de sucre dans la proportion de moins de 50 p. 100	Moitié des droits du sucre raffiné, plus : 8 00	6 00

(A) On ne considère comme produits des colonies et possessions françaises que ceux qui sont importés directement.
(B) La pâte sucrée et aromatisée, désignée dans les anciens tarifs sous la dénomination de *sorbets*, est assimilée aux confitures et sucres.

Dispositions maintenues. — **Dispositions abrogées.**

LOI DU 26 JUILLET 1893.

ART. 23.

Le dernier paragraphe de l'art. 8 de la loi du 5 août 1890 sur la surveillance des raffineries de sucre est modifié ainsi qu'il suit :

Dispositions maintenues. | Dispositions abrogées.

Loi du 26 juillet 1893. (Suite.)

« Cette surveillance s'exerce exclusivement à l'entrée des sucres bruts et à la sortie des mélasses et des vergeoises ».

ART. 24.

L'article 10 de la même loi est remplacé par le texte suivant :

« Il est tenu par les employés de la Régie, un compte d'entrée et de sortie présentant :

« Aux entrées, les quantités de sucre correspondant aux réfactions accordées pour les sels et les glucoses par la loi du 19 juillet 1880 sur le titre polarimétrique des sucres bruts introduits ;

« Aux sorties : 1° les quantités de sucre cristallisable et de glucose contenues dans les mélasses expédiées; 2° les quantités de sucre cristallisable et de glucose contenues dans les mélasses des vergeoises et bas produits expédiés des raffineries à l'état solide.

« La balance de ce compte est établie à la fin de chaque semestre. Les excédents sont frappés du droit plein ».

ART. 25.

Toute introduction de mélasse et de glucose dans les raffineries est interdite.

Dispositions maintenues. | Dispositions abrogées.

LOI DU 26 JUILLET 1893. (Suite.)

Les mélasses en quantités supérieures à 100 kilogrammes ne pourront en tous lieux circuler sans être accompagnées d'un acquit-à-caution.

ART. 26.

La taxe dont la perception est autorisée à titre de frais de surveillance par l'article 13 de la loi du 5 août 1890 est abaissée à 4 centimes par 100 kilogrammes.

ART. 27.

Un décret déterminera les conditions d'application des articles 23 à 26 de la présente loi.

ART. 28.

Les contraventions aux dispositions qui précèdent et au décret prévu par l'article ci-dessus seront frappées des peines édictées par l'article 14 de la loi du 5 août 1890.

ART. 29.

Les dispositions des articles 8 à 14 de la loi du 5 août 1890 qui ne sont pas contraires à celles de la présente loi sont maintenues.

ART. 30.

Les dispositions des articles 23 à 29 de la présente loi sont exécutoires à partir du 1er septembre 1893.

Dispositions maintenues.	Dispositions abrogées.

Décret du 30 août 1893.

ARTICLE PREMIER.

Nul ne peut se livrer au raffinage du sucre qu'après en avoir fait la déclaration par écrit au bureau de la Régie des contributions indirectes, un mois avant le commencement des opérations. Cette déclaration est accompagnée d'un plan présentant les divers bâtiments, locaux et cours dont se compose la raffinerie, avec l'indication de toutes les issues extérieures.

ART. 2.

Toute communication intérieure des lieux déclarés par le raffineur avec les maisons voisines non occupées par lui et leurs dépendances est interdite.

L'Administration peut exiger :

1° Que tous les jours et fenêtres de la raffinerie et des bâtiments attenants soient garnis d'un treillis de fer à mailles de 5 centimètres au plus.

2° Que la raffinerie et ses dépendances soient closes par des murs ou des palissades en planches de 2 mètres de hauteur au moins, qu'elles n'aient que le nombre d'entrées reconnues nécessaires par l'Administration et que les autres portes soient fermées à deux serrures. La clef de l'une de ces serrures est remise aux employés et les portes ne peuvent être ouvertes qu'en leur présence.

Dispositions maintenues. Dispositions abrogées.

DÉCRET DU 30 AOÛT 1893. (Suite.)

Le raffineur doit, lorsqu'il en est requis, satisfaire à ces prescriptions dans le délai d'un mois.

De 10 heures du soir à 5 heures du matin, la raffinerie ne peut avoir qu'une seule porte ouverte. Toutes les autres portes ouvertes pendant le jour doivent être fermées à double serrure pendant la période nocturne, la clef de l'une des serrures de chaque porte restant entre les mains des employés présents dans l'établissement.

Les raffineries qui seront établies à l'avenir devront être séparées de tout autre bâtiment. Tous les jours et fenêtres devront être garnis d'un treillis de fer, et les portes reconnues nécessaires pour l'exploitation de l'usine pourront seules rester habituellement ouvertes, le tout conformément à ce qui est prescrit ci-dessus.

ART. 3.

Le raffineur dispose d'un local convenable de 12 mètres carrés au moins, garni de chaises, de tables avec tiroir fermant à clef, et d'un poêle ou d'une cheminée, pour servir de bureau aux employés.

Ce local doit être situé aussi près que possible de la porte par laquelle s'effectue la sortie des sucres.

Une guérite est, en outre, installée

Dispositions maintenues. **Dispositions abrogées.**

DÉCRET DU 30 AOÛT 1893. (Suite.)

par le raffineur auprès de chaque porte habituellement ouverte pour abriter les employés de service.

Le loyer du bureau est fixé de gré à gré et, à défaut de fixation amiable, réglé par le Préfet.

ART. 4.

Les portes affectées à l'entrée des sucres bruts et à la sortie des mélasses, des vergeoises et des autres bas produits expédiés à l'état solide doivent être désignées d'avance par le raffineur.

Aucune introduction ne peut avoir lieu, aucune sortie ne peut être effectuée entre 10 heures du soir et 5 heures du matin.

ART. 5.

La prise en charge au compte dont la tenue est prescrite par l'article 24 de la loi du 26 juillet 1893 est opérée au choix des raffineurs, suivant l'un des deux modes définis ci-après :

1er mode. — Aucune quantité de sucre ne peut être introduite qu'après justification du paiement des droits et que sur une déclaration écrite du raffineur énonçant, d'une part, la provenance, le poids brut et net des colis composant chaque chargement, d'autre part, le titre polarimé-

Dispositions maintenues. | **Dispositions abrogées.**

DÉCRET DU 30 AOÛT 1893. (Suite.)

trique des sucres ainsi que la quotité des cendres et des glucoses qu'ils renferment. Cette déclaration est contrôlée par les employés au moyen du pesage et du prélèvement d'échantillons destinés à l'analyse.

Après vérification, la quantité du sucre correspondant aux réfactions accordées pour les sels et les glucoses par la loi du 19 juillet 1880 sur le titre polarimétrique des sucres bruts introduits est inscrite aux charges du compte.

2e mode. — Les sucres bruts de toute origine peuvent être introduits dans une raffinerie sur la représentation d'un laissez-passer ou de toute autre pièce authentique qui est délivrée par le service des Douanes ou des Contributions indirectes aux intéressés qui en font la demande.

Cette pièce, portant justification du payement des droits, doit énoncer les nombre, marque et espèce des colis, le poids brut de ces colis, le titre polarimétrique des sucres et la quotité de cendres et de glucose qu'ils contiennent.

Après constatation par les employés de l'identité des chargements, le compte est chargé d'une quantité de sucre correspondant aux réfactions accordées pour les sels et les glucoses.

Dans ce second mode, le poids net

Dispositions maintenues.	Dispositions abrogées.

DÉCRET DU 30 AOÛT 1893. (Suite.)

des sucres introduits dans les raffineries est établi en déduisant la tare réelle du poids brut des colis.

Toutefois, en ce qui concerne les sucres coloniaux et étrangers, le second mode défini ci-dessus n'est applicable qu'à ceux de ces sucres allant directement en raffinerie à la sortie du bord ou de l'entrepôt réel.

ART. 6.

Les vergeoises et les bas produits expédiés à l'état solide d'une raffinerie sur une autre raffinerie ne peuvent être transportées qu'en voitures fermées et plombées, à moins que les colis ne soient eux-mêmes revêtus d'étiquettes ou de plombs apposés par les employés de la Régie.

Chaque chargement doit être accompagné d'un laissez-passer énonçant le nombre, la marque, le poids brut et le poids net des colis.

Les produits ainsi expédiés d'une usine sur une autre sont pris en charge au compte du destinataire pour une quantité de sucre égale à celle dont le compte de l'expéditeur a été déchargé à titre de réfaction.

Les dispositions ci-dessus sont applicables aux expéditions accidentelles de sucres bruts qui pourraient être faites d'une usine sur une autre.

Dispositions maintenues. | Dispositions abrogées.

DÉCRET DU 30 AOÛT 1893. (Suite.)

ART. 7.

Aucune quantité de mélasse, de vergeoise ou de bas produits du raffinage à l'état solide ne peut être expédiée de la raffinerie, ni chargée sur une voiture de transport, qu'après avoir été vérifiée par les employés et pesée en leur présence.

Il ne peut être mis simultanément en activité plus de deux bascules.

Les locaux affectés au pesage doivent être situés à proximité des quais d'expédition ou des points sur lesquels s'opère le chargement des voitures de transport.

Après chaque interruption des opérations de pesage ou à la fin de la journée, si les pesées ne sont pas interrompues plus tôt, le raffineur en fait inscrire le résultat sur une formule imprimée, que l'Administration lui remet à cet effet. Cette formule, établie en double expédition, est signée et certifiée par le représentant du raffineur et par celui de l'Administration qui ont surveillé le pesage.

L'une des expéditions est conservée par le raffineur et l'autre par l'agent de la régie pour servir d'élément à la décharge du compte.

Les résultats du pesage sont ultérieurement complétés par l'indication de la quantité de sucre correspondant aux réfactions.

Dispositions maintenues.	Dispositions abrogées.

DÉCRET DU 30 AOÛT 1893. (Suite.)

Le chargement des voitures doit être effectué au fur et à mesure des pesées ou, au plus tard, dans le courant de la journée.

Le raffineur est tenu d'indiquer, sur une fiche signée de lui ou de son représentant, le poids brut et le poids net des colis contenus dans chaque voiture.

L'employé qui surveille le chargement délivre un permis de sortie pour accompagner chaque voiture jusqu'à la porte et être remis, avec la fiche dont il est question au paragraphe précédent, à l'agent de surveillance sur ce point.

Les colis doivent être placés dans chaque voiture de manière à ce que le nombre et l'identité puissent en être constatés par ce dernier agent.

ART. 8.

Pour les mélasses dirigées, en toutes quantités, sur un établissement exercé autre qu'une raffinerie, et pour celles qui, en quantités supérieures à 100 kilogrammes, sont expédiées à toute autre destination, le raffineur doit se pourvoir d'un acquit-à-caution qui lui est délivré par les agents de surveillance dans son usine.

Cet acquit-à-caution énonce, sur la déclaration du raffineur :

Les nombre, marque et numéros

Dispositions maintenues.	Dispositions abrogées.

DÉCRET DU 30 AOÛT 1893. (Suite.)

des colis composant chaque chargement ;

Le poids brut et net de chacun de ces colis ;

Les nom, demeure et profession du destinataire ;

Le nom du voiturier, ainsi que la route qui devra être suivie ;

L'heure de l'enlèvement et le délai accordé pour le transport.

ART. 9.

Le compte est déchargé des quantités de sucre cristallisable et de glucose contenues :

1° Dans les mélasses expédiées en nature ;

2° Dans les mélasses des vergeoises et des bas produits sortis de l'usine à l'état solide.

La quantité de sucre cristallisable et de glucose à porter en décharge pour ces dernières mélasses sera calculée en multipliant par 4 le poids des cendres obtenues par l'incinération des sels et par 2 le poids des glucoses contenues dans les vergeoises et les bas produits expédiés à l'état solide.

ART. 10.

Le compte général de fabrication est arrêté le 30 juin et le 31 décembre de chaque année.

Dispositions maintenues. **Dispositions abrogées.**

DÉCRET DU 30 AOÛT 1893. (Suite.)

Si la balance fait ressortir un excédent des entrées sur les sorties, cet excédent est frappé du droit plein, soit *60 francs* par 100 kilogrammes d'après le tarif actuel.

Si elle dégage un manquant, ce manquant ne donne lieu à aucune restitution des droits.

ART. 11.

Des échantillons pesant au moins 300 grammes pour les vergeoises et les bas produits à l'état solide, et 1 kilogramme pour les mélasses, sont prélevés contradictoirement, à la sortie des raffineries, entre les représentants de l'Administration et les intéressés.

Des échantillons peuvent aussi être prélevés à l'entrée des raffineries sur les sucres en poudre quand le service le juge nécessaire.

Ces échantillons sont revêtus du double cachet du déclarant et du service, qui en conserve trois, dont un est immédiatement transmis par les employés au laboratoire de la circonscription.

ART. 12.

Les contestations relatives aux résultats des analyses de sucres et de matières sucrées, effectuées dans les

Dispositions maintenues.	Dispositions abrogées.

DÉCRET DU 30 AOÛT 1893. (Suite.)

laboratoires de la Régie, sont déférées aux commissaires experts institués par la loi du 27 juillet 1822, lesquels statuent au vu d'échantillons prélevés dans les conditions indiquées par l'article précédent.

ART. 13.

Pour la pesée des sucres, des vergeoises, des bas produits à l'état solide et des mélasses, ainsi que pour la vérification des chargements à l'arrivée ou au départ, les raffineurs sont tenus de fournir les ouvriers, de même que les poids, balances et autres ustensiles nécessaires à l'effet d'opérer la pesée, de prélever des échantillons, de reconnaître la qualité des sucres.

ART. 14.

Les dispositions du présent décret seront mises à exécution à dater du 1er septembre prochain. A partir de la même époque, celles du décret du 25 octobre 1890 cesseront d'être exécutoires.

DÉCRET DU 9 MAI 1895.

ARTICLE PREMIER.

Le premier paragraphe de l'article 2 du décret du 8 août 1878 est modifié ainsi qu'il suit :

Dispositions maintenues. **Dispositions abrogées.**

Décret du 9 mai 1895. (Suite.)

« Le poids minimum des expéditions de biscuits sucrés présentés à la décharge des comptes d'admission temporaire de sucre est fixé à 50 kilogrammes net.

Loi du 16 août 1895. (Douanes.)

ARTICLE UNIQUE.

Les tarifs de douane résultant de la loi du 11 janvier 1892 sont modifiés conformément au tableau annexé à la présente loi.

EXTRAIT DU TABLEAU :

		TARIF MINIMUM.
N° 35 *ter.*	Lait concentré additionné de sucre dans la proportion de 40 p. 100.	40 p. 100 des droits du sucre raffiné, plus *6 francs* par 100 kilogr.

Décret du 27 décembre 1895.

ARTICLE PREMIER.

Le limite minima de teneur en sucre cristallisable est abaissée de 10 à 6 p. 100 pour les sirops gazeux admissibles à la décharge des comptes d'admission temporaire de sucre brut.

Décret du 17 octobre 1896.

ARTICLE PREMIER.

L'article 15 du décret du 25 août 1887 est remplacé par le texte ci-après:

« En dehors des reprises et des entrées

Dispositions maintenues.	Dispositions abrogées.

DÉCRET DU 17 OCTOBRE 1896.

imposables au droit réduit, les fabricants abonnés peuvent, avant comme après la date de l'inventaire général qui suit la fin des travaux de défécation, effectuer des sorties imposables au droit réduit, à la condition que les sorties imposables au droit normal, augmentées des quantités restant en magasin à l'état de sucres achevés et analysés, atteignent le montant de la prise en charge.

« Les fabricants placés sous le régime du déchet peuvent, en dehors des reprises et des entrées imposables au droit réduit, effectuer des sorties à titre imposable à ce dernier droit, à la condition que les sorties imposables au droit normal, augmentées des quantités restant en magasin, à l'état de sucres achevés et analysés, atteignent les 85 centièmes, soit de la prise en charge d'après le rendement légal, soit de la production totale, selon que les sorties déjà effectuées ont eu lieu avant ou après le deuxième inventaire.

« Pour l'application des mesures qui précèdent, les quantités de sucre prises en charge au droit plein sont atténuées de 10 p. 100 jusqu'au jour de l'enlèvement des mélasses chez tous les fabricants qui n'emploient pas l'osmose.

« Toutefois, pour bénéficier de cette disposition, les fabricants doivent fournir une caution solvable, laquelle s'engage solidairement avec eux à payer les droits

Dispositions maintenues. | **Dispositions abrogées.**

DÉCRET DU 17 OCTOBRE 1896. (Suite.)

afférents à la portion de la prise en charge imposable qui, à l'expiration de la campagne, n'aurait pas encore été apurée par des sorties de même nature ou ne serait pas couverte par une quantité égale de sucres achevés et analysés restant en magasin. »

LOI DU 7 AVRIL 1897.

ARTICLE PREMIER.

A partir de la promulgation de la présente loi, des primes dont la quotité est fixée comme il suit, sont accordées pour l'exportation en pays étrangers et dans les colonies françaises non soumises au tarif douanier métropolitain :

1° Des sucres indigènes produits depuis le 1er septembre 1896 et déclarés pour l'exportation à partir de la promulgation de la présente loi;

2° Des sucres des colonies françaises embarqués à destination de la France à partir du 1er septembre 1896 et exportés des entrepôts de France à partir de la promulgation de la présente loi;

3° Des sucres et vergeoises imputés à la décharge des soumissions d'admission temporaire souscrites pour des sucres produits en France ou expédiés des co-

Dispositions maintenues. | **Dispositions abrogées.**

LOI DU 7 AVRIL 1897. (Suite.)

lonies françaises, à partir du 1er septembre 1896 :

Sucres bruts en grains ou petits cristaux d'un titrage de 98 p. 100 au moins pour les sucres de betterave, ou de 97 p. 100 au moins pour les sucres coloniaux, titrage pris avant la déduction du déchet de raffinage........	*Par 100 kilogrammes de sucre raffiné : 4 francs.*

(Les sucres de cette catégorie, imposables et expédiés directement à l'étranger par le fabricant lui-même, lorsqu'ils polariseront 99.75 p. 100 au moins, seront portés pour leur poids en raffiné, sans déduction aucune, au compte de décharge du fabricant.)

Sucres bruts d'un titrage de 65 à 98 p. 100 pour les sucres de betterave, ou de 65 à 97 p. 100 pour les sucres coloniaux français......................	*Par 100 kilogrammes de sucre raffiné : 3 fr. 50.*
Sucres candis calculés à leur coefficient légal................. *Sucres raffinés en pains ou morceaux, parfaitement épurés, durs et secs....................*	*Par 100 kilogrammes poids effectif : 4 fr. 50.*
Vergeoises, par 100 kilogrammes de sucre raffiné	*4 fr. 50.*
Sucres raffinés en grains ou cristaux titrant au moins 98 p. 100.	*4 francs.*

(Lorsque les sucres de cette dernière catégorie polariseront 99.75 au moins, ils seront considérés comme sucres raffinés purs et leurs certificats d'exportation seront admis à la décharge des obligations d'admission temporaire pour leur poids total, sans aucune déduction.)

ART. 2.

Il est accordé aux sucres des colonies et des possessions françaises importés directement en France une

Dispositions maintenues. **Dispositions abrogées.**

LOI DU 7 AVRIL 1897. (Suite.)

détaxe de distance de 2 fr. 25 (1) par 100 kilogrammes de raffiné pour les colonies de l'Atlantique, et de 2 fr. 50 par 100 kilogrammes de raffiné pour les autres colonies.

Cette détaxe n'est attribuée qu'aux sucres de la campagne 1896-1897 embarqués à destination de la France dans un délai maximum de cent vingt jours pour les expéditions faites par voilier des colonies de la mer des Indes et de soixante jours pour toutes les autres, avant la promulgation de la loi. Elle sera allouée sous forme de bons de droits dans les conditions prévues à l'article 8.

ART. 3.

Les sucres bruts provenant des fabriques de la métropole, expédiés des ports français de la mer du Nord et la Manche, à destination des ports français de l'Atlantique et de la Méditerranée, pour être mis en œuvre dans les raffineries établies dans ces ports, en vue de l'exportation, bénéficieront, à partir de la promulgation de la présente loi, d'une détaxe de 2 francs par 100 kilogrammes (2), à la condition que ces sucres soient ex-

---

(1) Voir art. 3 de la loi du 28 janvier 1903.

(2) Voir art. 3 de la loi du 28 janvier 1903.

Dispositions maintenues.	Dispositions abrogées

Loi du 7 avril 1897. (Suite.)

pédiés, sous le régime du cabotage, du port français d'embarquement au port français de destination. Ils seront dirigés avec acquit-à-caution de mutation d'entrepôt sur la douane de destination où seront souscrites les obligations d'admission temporaire. Ces obligations devront être apurées par l'application de certificats d'exportation dans les conditions déterminées par la législation actuelle, sous peine de la restitution de la détaxe.

La même détaxe de 2 francs (1) sera accordée aux sucres bruts provenant des fabriques de la métropole situées à une distance minima de 250 kilomètres du port où se trouve la raffinerie à laquelle ces sucres seront expédiés directement, lorsque ces sucres seront expédiés directement de la fabrique, par voie ferrée, pour être mis en œuvre, en vue de l'exportation, dans les raffineries des ports français de l'Atlantique et de la Méditerranée.

Elle sera également accordée aux sucres bruts provenant des fabriques de la métropole situées à une distance de plus de 300 kilomètres en ligne droite des raffineries de l'intérieur, lorsque ces sucres seront expédiés di-

(1) Voir art. 3 de la loi du 28 janvier 1903.

Dispositions maintenues.	Dispositions abrogées.

LOI DU 7 AVRIL 1897. (Suite.)

rectement de la fabrique, par voie ferrée ou par canaux, pour être mis en œuvre, en vue de l'exportation, dans lesdites raffineries.

ART. 4.

A partir de la promulgation de la présente loi, il est établi :

1° Un droit de raffinage sur les sucres candis, sucres raffinés parfaitement épurés, durs et secs; sucres raffinés autres titrant au moins 98 p. o/o et vergeoises.	*4 francs* (1) par 100 kilogrammes de raffiné.

. . . .

Seront exempts des droits prévus dans les *deux* paragraphes ci-dessus les sucres qui sont exportés.

Le droit de raffinage sera perçu à l'entrée des sucres en raffinerie, conformément aux lois en vigueur et dans les conditions qui seront déterminées par le règlement d'administration publique.

ART. 5.

Sont en outre modifiés comme suit les droits de douane des dérivés du sucre énumérés ci-après :

Mélasses autres que pour la distil-

(1) 2 francs (art. 1er de la loi du 28 janvier 1903).

ART. 4.

. . . .

2° Un droit de fabrication sur les sucres bruts n'allant pas en raffinerie	*1 franc par 100 kilogr. de raffiné.*

Dispositions maintenues.	Dispositions abrogées.

Loi du 7 avril 1897. (Suite).

lation ayant en richesse saccharine 50 p. 0/0 ou moins :

Tarif général . . . 24f 75 par 100 kil.
Tarif minimum. . 20 75 —

Mélasses autres que pour la distillation, ayant en richesse saccharine plus de 50 p. 0/0 :

Tarif général . . . 52f 50 par 100 kil.
Tarif minimum. . 42 90 —

Chocolat contenant 55 p. 0/0 de cacao ou moins :

Tarif général. . *132f 25* (1) par 100 kil.
Tarif minimum. 102 25 —

Art. 6.

Les surtaxes établies par l'article 4 seront appliquées aux sucres de toute espèce déjà libérés d'impôt, ainsi qu'aux matières en cours de fabrication également libérées d'impôt existant au moment de la promulgation de la présente loi dans les raffineries, fabriques ou magasins, ou dans tous autres lieux en la possession des raffineurs, fabricants, commerçants ou dépositaires. Les quantités seront reprises par voie d'inventaire, après déclaration faite par les détenteurs.

Toute quantité non déclarée donnera lieu au payement, en sus de la surtaxe, d'une amende égale au double de cette surtaxe.

(1) Tarif actuel 200 francs.

Dispositions maintenues. | **Dispositions abrogées.**

LOI DU 7 AVRIL 1897. (Suite.)

Seront toutefois dispensés de l'inventaire les quantités n'excédant pas 500 kilogrammes en sucre raffiné.

ART. 7.

Les fabricants et raffineurs auront à souscrire des soumissions complémentaires en garantie de la surtaxe édictée par la présente loi, pour les sucres de toute espèce et les matières en cours de fabrication placés sous le régime de l'admission temporaire.

L'apurement de ces soumissions aura lieu dans les conditions appliquées au moment de la mise en vigueur des lois des 30 décembre 1873, 29 juillet 1884 et 27 mai 1887.

A partir de la promulgation de la présente loi et jusqu'à la fin des opérations d'inventaire prévues par l'article 6, les employés des douanes et des contributions indirectes devront être admis dans les raffineries, à toute heure de jour et de nuit. Ils pourront en suivre les opérations et procéder à toutes les constatations et vérifications préparatoires qu'ils jugeront nécessaires.

ART. 8.

Pour l'allocation *des primes d'exportation édictées par la présente loi*, il sera établi des bons de droits, transmis-

Dispositions maintenues.

LOI DU 7 AVRIL 1897. (Suite).

sibles par voie d'endossement, qui seront reçus comme numéraire, en apurement des obligations d'admission temporaire de sucres indigènes et coloniaux français. *Ces bons, délivrés pour les sucres exportés des fabriques en suspension de l'impôt, seront reçus comme numéraire pour l'acquittement des droits de la Régie.*

A partir du 1er septembre 1897, il devra être fait emploi de ces bons de droits dans le délai de deux mois à dater de leur délivrance.

ART. 9.

. . . .

Tant que seront allouées les détaxes prévues par les articles 2 et 3 de la présente loi, la surtaxe *de 9 francs* par 100 kilogrammes (poids effectif) sera étendue aux sucres en poudre titrant 98 p. 0/0 ou moins, importés des pays hors d'Europe pour la consommation.

Les taxes *de fabrication et* de raffinage (1) édictées par l'article 4 de la présente loi sont également applicables à tous les sucres étrangers dans les mêmes conditions qu'aux sucres indigènes et coloniaux français.

Les sucres coloniaux étrangers

(1) Voir art. 1er de la loi du 28 janvier 1903.

Dispositions abrogées.

ART. 9.

Est ratifié et converti en loi le décret du 26 juillet 1896 portant relèvement des surtaxes afférentes aux sucres étrangers.

Toutefois, à partir de la promulgation de la présente loi, ces surtaxes sont fixées ainsi qu'il suit :

Poids effectif. Les 100 kilogrammes net :

Sucres bruts d'origine européenne ou importés des entrepôts d'Europe, 9 francs.

Sucres raffinés et assimilés autres que candis, tarif général, 16 francs.

Sucres raffinés et assimilés autres que candis, tarif mininum, 10 francs.

Sucres candis, tarif général, 28 fr. 80.

Sucres candis, tarif minimum, 25 fr. 80 (poids effectif les 100 kilogrammes net).

. . . .

Dispositions maintenues. **Dispositions abrogées.**

LOI DU 7 AVRIL 1897. (Suite).

jouissent du bénéfice de l'admission temporaire, *mais ils sont exclus de la prime d'exportation.*

ART. 10.

Les taxes *de fabrication et* de raffinage édictées par l'article 4 de la présente loi ne sont pas applicables à l'Algérie et à la Corse, *et les sucres exportés de ces pays ne bénéficieront pas des dispositions de l'article 1er.*

ART. 11.

Si des pays producteurs de sucre de betterave accordant actuellement des primes d'exportation suppriment ou abaissent ces primes, le Gouvernement est autorisé, en l'absence des Chambres, à prendre, par décret, les mêmes mesures, sous réserve de ratification par une loi.

ART. 12.

Dans le cas où le montant des primes allouées pendant une campagne excéderait le produit des taxes de fabrication et de raffinage prévues par la présente loi, le taux des primes serait, pour la campagne suivante, ramené au chiffre nécessaire pour couvrir le Trésor de son avance, par décret rendu en conseil des Ministres et présenté, en forme de projet de loi, aux Chambres, avant la fin de

Dispositions maintenues. | Dispositions abrogées.

LOI DU 7 AVRIL 1897. (Suite).

leur session, si elles sont assemblées, ou à la session prochaine, si elles ne sont pas assemblées.

ART. 13.

A partir du 1er septembre 1897, les bascules servant au pesage des betteraves livrées par le cultivateur devront être munies d'un appareil enregistreur.

Dans chaque fabrique, un ou plusieurs agents de l'État seront chargés de vérifier l'exactitude des opérations de pesage et de contrôler les réfactions à opérer en raison de la terre, des racines et du collet, ainsi que la détermination de la densité.

Un décret fixera les conditions du fonctionnement de ce contrôle.

ART. 14.

Un décret portant règlement d'administration publique déterminera toutes les conditions d'application de la présente loi.

Disposition transitoire.

Jusqu'au 1er septembre 1897, les primes d'exportation ne seront allouées immédiatement que jusqu'à concurrence de 50 p. 100.

Au 1er septembre 1897, il sera fait un état des recettes réalisées en vertu de la présente loi, état sur lequel on imputera d'abord le montant des primes payées

Dispositions maintenues.	Dispositions abrogées.

LOI DU 7 AVRIL 1897. (Suite).

jusqu'à concurrence des 50 p. 100; le solde sera réparti au prorata entre les ayants droit, en vertu d'un décret rendu en conseil des Ministres.

Les sucres de la campagne 1896-1897 qui n'auront pas été exportés à la date du 1er septembre 1897 n'auront droit, pendant la campagne suivante, qu'à la moitié des primes d'exportation fixées à l'article 1er.

LOI DU 29 JUIN 1897.

TITRE VI.

Dispositions générales.

ART. 42.

Les produits des taxes de raffinage et de fabrication et des suppléments de droits sur les dérivés du sucre établis par les articles 4 et 5 de la loi du 7 avril 1897 relative au régime des sucres, seront portés au crédit d'un compte à ouvrir parmi les services spéciaux du Trésor. Le débit de ce compte comprendra le montant des primes d'exportation et des détaxes constatées par les receveurs des douanes et des contributions indirectes en application de la même loi.

Le solde sera transporté en fin d'année à un compte budgétaire.

. . . .

Dispositions maintenues. | **Dispositions abrogées.**

LOI DU 14 JUILLET 1897.

Dispositions maintenues.

ARTICLE PREMIER.

Le premier paragraphe du n° 92 du tableau A du Tarif général des douanes est modifié ainsi qu'il suit :

MATIÈRES	TARIF GÉNÉRAL.	TARIF MINIMUM.
	100 kilogrammes.	
Mélasses pour la distillation, y compris les eaux d'exosmose...		
Mélasses des colonies et possessions françaises..........	Exemptes.	Exemptes.
Mélasses des pays étrangers........	0f 30	0f 20
	Par degré de richesse saccharine absolue.	

ART. 2.

Les mélasses étrangères jouiront de l'admission temporaire dans les conditions prévues par l'article 13 de la loi du 11 janvier 1892.

Dispositions abrogées.

ART. 3.

Seront admises au droit de dix centimes (0 fr. 10) par degré de richesse saccharimétrique les mélasses étrangères en cours de route huit jours avant la promulgation de la présente loi, toutes justifications à cet égard devant être fournies à l'Administration des douanes.

Dispositions maintenues. | Dispositions abrogées.

LOI DU 14 JUILLET 1897. (Suite.)

ART. 4.

Seront admises en décharge, à raison de 14 p. 100 de leur poids au compte des fabricants qui n'emploieront pas le procédé de l'osmose, les mélasses ayant au moins 44 p. 100 de richesse saccharine absolue, lorsqu'elles seront expédiées en distillerie ou à l'étranger, ou lorsqu'elles seront destinées à des usages agricoles.

ART. 5.

Un décret rendu après avis du Comité consultatif des arts et manufactures déterminera les procédés de dénaturation et les conditions d'emploi des mélasses.

ART. 6.

La faculté de mise en entrepôt accordée aux sucres est applicable aux mélasses cotées, ainsi qu'il est spécifié à la présente loi.

ART. 7.

Sont abrogées les dispositions de l'article 6 de la loi du 4 juillet 1887 et de la loi du 17 novembre 1894.

Dispositions maintenues.	Dispositions abrogées.

Règlement d'Administration publique du 18 juillet 1897.

ARTICLE PREMIER.

Les bons de droits délivrés pour l'allocation des primes d'exportation sont détachés d'un registre à souche. Ils mentionnent, indépendamment du nom du titulaire, la nature et la provenance des sucres, leur titrage, leur poids, la destination, le montant de l'allocation et la date de l'échéance.

Ils font connaître, pour les sucres indigènes, la campagne à laquelle appartiennent les sucres; pour les sucres coloniaux, la date de l'embarquement pour la France.

ART. 2.

Les bons afférents aux sucres indigènes exportés en suspension du payement des droits sont établis au nom du soumissionnaire de l'acquit-à-caution. Ils lui sont délivrés, après la rentrée de ce dernier titre, par le service des Contributions indirectes qui l'a émis.

Les bons sont, toutefois, sur la demande du soumissionnaire de l'acquit-à caution, délivrés, après la sortie des sucres, au signataire de la déclaratio d'exportation par le service des Douanes qui a reçu cette déclaration.

ART. 3.

Les bons afférents aux sucres coloniaux exportés des entrepôts de la mé-

Dispositions maintenues. **Dispositions abrogées.**

DÉCRET DU 18 JUILLET 1897. (Suite.)

tropole sont établis au nom du signataire de la déclaration d'exportation.

Ils lui sont, après la sortie des sucres, délivrés par le service des douanes qui a reçu cette déclaration.

ART. 4.

Les bons afférents aux sucres et vergeoises imputés à la décharge de soumissions d'admission temporaire sont établis, par le comptable qui a fait l'application du certificat d'exportation ou d'entrée en entrepôt, au nom du titulaire actuel du certificat. Ils sont délivrés, pour les sucres exportés en suite d'une constitution en entrepôt, après la justification de l'application du certificat et de la sortie des sucres, et, pour les autres, immédiatement après l'application du certificat.

ART. 5.

Les bons de droits délivrés pour l'allocation des détaxes de distance sont détachés d'un registre à souche. Ils mentionnent, indépendamment du nom du titulaire, la nature et la provenance des sucres, leur titrage, leur poids, le mode et les conditions du transport, le montant de l'allocation et la date de l'échéance.

Ils font connaître, pour les sucres indigènes expédiés sur les raffineries dans les conditions déterminées aux paragraphes 2 et 3 de l'article 3 de la

Dispositions maintenues. | **Dispositions abrogées.**

DÉCRET DU 18 JUILLET 1897. (Suite).

loi du 7 avril 1897, la distance de la fabrique expéditrice au lieu de destination.

ART. 6.

Les bons de droits délivrés pour l'allocation des détaxes de distance relatives aux sucres coloniaux sont établis, par le service de la douane, au nom de l'auteur de la déclaration, après vérification et, dans le cas de mise à la consommation, après liquidation de l'impôt.

ART. 7.

Les sucres bruts provenant des fabriques de la métropole et expédiés par mer sur les raffineries, dans les conditions déterminées au paragraphe 1er de l'article 3 de la loi du 7 avril 1897, sont accompagnés d'un acquit-à-caution délivré par le service des Contributions indirectes de la fabrique expéditrice. Ce titre, qui contient toutes les indications nécessaires pour la liquidation éventuelle des droits, est présenté au service de la douane du port d'embarquement, lequel délivre en échange l'acquit-à-caution de mutation d'entrepôt. Ce dernier titre accompagne le chargement jusqu'à la raffinerie où il est déchargé par le service des Contributions indirectes qui exerce cet établissement, après

Dispositions maintenues. Dispositions abrogées.

DÉCRET DU 18 JUILLET 1897. (Suite).

qu'il a été justifié de la souscription, entre les mains du receveur principal des douanes dans la circonscription duquel se trouve le port de débarquement, d'une obligation d'admission temporaire.

ART. 8.

Les sucres bruts provenant des fabriques de la métropole et expédiés sur les raffineries, dans les conditions déterminées aux paragraphes 2 et 3 de l'article 3 de la loi du 7 avril 1897, sont accompagnés d'un acquit-à-caution délivré par le service des Contributions indirectes de la fabrique expéditrice. Cet acquit-à-caution, qui contient toutes les indications nécessaires pour la liquidation éventuelle des droits, est déchargé par le service qui exerce l'établissement destinataire, après qu'il a été justifié de la souscription, entre les mains du receveur principal des Contributions indirectes dans la circonscription duquel se trouve la raffinerie, d'une obligation d'admission temporaire.

ART. 9.

Les bons de droits délivrés dans les conditions prévues aux deux articles qui précèdent sont, après constatation de l'entrée des sucres

Dispositions maintenues. | Dispositions abrogées.

DÉCRET DU 18 JUILLET 1897. (Suite.)

dans la raffinerie, établis par le comptable qui a reçu la soumission d'admission temporaire, au nom du souscripteur de cette soumission.

ART. 10.

Des tableaux de distance distincts sont établis pour l'application du paragraphe 2 et pour l'application du paragraphe 3 de l'article 3 de la loi du 7 avril 1897. Des exemplaires de ces tableaux sont déposés dans les bureaux des Contributions indirectes chargés de liquider les détaxes.

ART. 11.

Les certificats d'exportation ou de mise en entrepôt de sucres ou de préparations sucrées sont munis d'un coupon transmissible par endossement et imputable, *suivant les cas*, à la décharge des comptes spéciaux prévus aux articles 12 *et 14*.

ART. 12.

Un compte spécial de la taxe de raffinage, réglé mensuellement, est tenu dans les divers établissements industriels qui, produisant ou recevant des sucres bruts, expédient des sucres raffinés ou agglomérés de toutes formes.

Dispositions maintenues. | **Dispositions abrogées.**

DÉCRET DU 18 JUILLET 1897. (Suite.)

Ce compte comprend les sucres bruts introduits pendant le mois, ou, s'il s'agit de fabriques-raffineries, les sucres passibles de la taxe de raffinage enlevés pendant le mois des fabriques et non exportés en suspension du payement des droits.

Le payement est effectué soit en numéraire, soit par l'application des coupons de certificats d'exportation mentionnés à l'article 11.

ART. 13.

A l'égard des sucres passibles de la taxe de raffinage qui, après avoir été placés en entrepôt à la décharge de comptes d'admission temporaire, en sont retirés pour la consommation, la taxe est exigible au moment de leur enlèvement.

ART. 14.

La taxe de fabrication est perçue au moment où les sucres autres que ceux qui seraient expédiés sur les établissements prévus à l'article 12 sont déclarés pour la consommation, le sucrage des vins, cidres ou poirés, ou l'admission temporaire.

Les redevables peuvent, en donnant caution, obtenir, pour le règlement de la taxe, l'ouverture d'un compte spécial réglé mensuellement. Ce compte com-

Dispositions maintenues.	Dispositions abrogées.

DÉCRET DU 18 JUILLET 1897. (Suite.)

prend les sucres déclarés pendant le mois pour l'admission temporaire ou pour la consommation, autres que ceux qui ont été expédiés sur les établissements prévus à l'article 12, *et les sucres déclarés pour le sucrage des vins, cidres ou poirés.*

Le payement est effectué soit en numéraire, soit par l'application des coupons de certificats d'exportation ou de mise en entrepôt mentionnés à l'article 11.

ART. 15.

Les sucres déclarés pour la consommation ou l'admission temporaire qui sont dirigés sur les établissements prévus à l'article 12 *sont accompagnés d'un acquit-à-caution garantissant le payement de la taxe pour le cas où l'arrivée des sucres ne serait pas justifiée dans un délai de vingt jours. Cet acquit-à-caution est déchargé par le service des Contributions indirectes de l'établissement destinataire.*

ART. 16.

A l'égard des sucres placés sous le régime du transit, du transbordement, des mutations d'entrepôt ou de l'admission temporaire pour la fabrication du chocolat, la taxe de fabrication est garantie de plein droit par les soumissions au même titre que le droit de consommation.

Dispositions maintenues. **Dispositions abrogées.**

DÉCRET DU 18 JUILLET 1897. (Suite.)

ART. 17.

Des décisions concertées entre les Départements du commerce, de l'industrie, des postes et des télégraphes et des finances, après avis du Comité consultatif des arts et manufactures, déterminent les préparations sucrées dont l'exportation ou la mise en entrepôt comporte la décharge de la taxe de raffinage et les conditions auxquelles est subordonnée cette décharge.

ART. 18.

Le délai d'emploi des bons de droits ou coupons de certificats prévus au présent décret est fixé à deux mois à compter du jour de leur délivrance.

ART. 19.

. . . .

Les obligations d'admission temporaire souscrites dans les conditions prévues aux articles 7 et 8 mentionnent que, si elles ne sont pas apurées par des exportations de sucres raffinés ou de vergeoises, le montant de la détaxe sera remboursé par le soumissionnaire.

ART. 19.

Les acquits-à-caution, permis de réexportation et obligations d'admission temporaire de sucres indigènes ou originaires des colonies françaises mentionnent, pour les premiers, la campagne au cours de laquelle les sucres auxquels ils s'appliquent ont été produits; pour les seconds, la date à laquelle ils ont été expédiés des colonies à destination de la métropole.

. . . .

Dispositions maintenues. | Dispositions abrogées.

DÉCRET DU 18 JUILLET 1897. (Suite.)

ART. 20.

Les acquits-à-caution qui accompagnent les sucres bruts d'un titrage de 98 p. 100 au moins, expédiés directement à l'étranger par le fabricant lui même, ainsi que les certificats d'exportation ou d'entrée en entrepôt de sucres raffinés en grains ou cristaux du même titrage, mentionnent le degré polarimétrique des sucres auxquels ils s'appliquent.

ART. 21.

Les obligations d'admission temporaire souscrites, mais non encore apurées au moment de la promulgation du présent décret, seront complétées par les indications prévues à l'article 19.

ART. 22.

Il sera délivré des bons de demi-primes en conformité de la disposition transitoire de la loi du 7 avril 1897. Ceux de ces bons qui seront alloués avant le 1er septembre 1897 seront munis d'un coupon constatant le droit au complément de prime prévu par la même disposition. Ce coupon devra être détaché du bon et conservé par son titulaire pour être échangé, le cas échéant, à partir du 1er septembre 1897, contre un bon de droit.

Dispositions maintenues.	Dispositions abrogées.

Décret du 29 juillet 1897.

ARTICLE PREMIER.

Le poids minimum des expéditions de liqueurs et sirops présentés à la décharge des comptes d'admission temporaire de sucre est fixé à 50 kilogrammes net.

Décret du 19 août 1898.

ARTICLE PREMIER.

Les articles 14 et 18 du décret du 18 juillet 1897 sont modifiés ainsi qu'il suit :

« *Art. 14. — La taxe de fabrication est perçue au moment où les sucres autres que ceux qui seraient expédiés sur les établissements prévus à l'article 12 sont déclarés pour la consommation, le sucrage des vins, cidres ou poirés, ou l'admission temporaire.*

« *Les redevables peuvent, en donnant caution, obtenir pour le règlement de la taxe l'ouverture d'un compte spécial réglé mensuellement. Ce compte comprend les sucres déclarés pendant le mois, pour l'admission temporaire ou pour la consommation, autres que ceux qui ont été expédiés sur les établissements prévus à l'article 12, et les sucres déclarés pour le sucrage des vins, cidres ou poirés.*

« *Le payement doit être effectué au plus tard à la fin du mois qui suit*

Dispositions maintenues. | Dispositions abrogées.

DÉCRET DU 19 AOÛT 1898. (Suite).

l'inscription au compte, soit en numéraire, soit par l'application des coupons de certificats d'exportation ou de mise en entrepôt mentionnés à l'article 11.

« *Art. 18. — Le délai d'emploi des bons de droits et des coupons de certificats prévus au présent décret est fixé à deux mois à compter du jour de leur délivrance.*

« *Les coupons de certificats servant à la décharge de la taxe de fabrication peuvent, dans le délai ci-dessus indiqué, être inscrits au compte prévu à l'article 14, pour être affectés, jusqu'à la clôture des opérations de la campagne, au payement des taxes de fabrication qui deviendraient exigibles. Les coupons déposés et non employés à la clôture de la campagne sont annulés.* »

DÉCRET DU 1er AVRIL 1899.

ARTICLE PREMIER.

Les dispositions des décrets des 8 août 1878 et 18 septembre 1880, relatives aux fruits confits, confitures et bonbons, imputables à la décharge des admissions temporaires de sucre, seront appliquées sous les conditions déterminées par ces décrets, aux savons transparents exportés à destination de l'étranger et des colonies et

Dispositions maintenues.	Dispositions abrogées.

DÉCRET DU 1er AVRIL 1899. (Suite.)

possessions françaises (l'Algérie exceptée).

Auront droit au bénéfice des décrets précités les savons transparents dans lesquels la proportion de sucre cristallisable sera de 10 p. 0/0 au moins.

ART. 2.

Sont exclus du bénéfice de cette disposition les savons transparents reconnus par les laboratoires de l'Administration des douanes contenir des substances de nature à fausser le dosage du sucre.

DÉCRET DU 11 AOÛT 1899.

ARTICLE PREMIER.

Les sucres indigènes expédiés des fabriques en suspension du payement des droits, avec imputation au compte des excédents de rendement ou des déchets de fabrication, donnent lieu à la délivrance d'un certificat d'enlèvement constatant le droit à l'application du tarif réduit.

A partir de ce moment, les sucres dont il s'agit sont assimilés aux sucres passibles du tarif normal, circulent sous la garantie des mêmes acquits-à-caution, sont entreposés ou placés en admission temporaire aux mêmes conditions.

Dispositions maintenues.	Dispositions abrogées.

DÉCRET DU 11 AOÛT 1899. (Suite.)

ART. 2.

Le certificat est établi au nom du fabricant par le chef de service de la fabrique expéditrice. Il n'est délivré qu'après l'analyse définitive des sucres et après contrôle et visa d'un vérificateur. Il est détaché d'un registre à souche, porte un talon de contrôle et mentionne, indépendamment du nom du titulaire, la nature et la provenance des sucres et la quantité exprimée en raffiné que ces sucres représentent.

ART. 3.

Les certificats sont transmissibles par voie d'endossement; les personnes qui endossent et qui emploient des certificats doivent apposer, à côté de leur signature, l'empreinte d'un timbre indiquant leur nom et leur qualité ou la raison sociale de la société qu'elles représentent.

Les certificats peuvent être utilisés jusqu'au 31 décembre qui suit l'expiration de la campagne pendant laquelle ils ont été délivrés.

ART. 4.

Les certificats munis du talon de contrôle sont reçus au moment de la liquidation des droits, soit à la sortie des fabriques, des entrepôts ou en cours de transport, soit lors de l'échéance des

Dispositions maintenues.	Dispositions abrogées.

DÉCRET DU 11 AOÛT 1899. (Suite.)

obligations d'admission temporaire. Leur représentation assure le bénéfice du tarif réduit aux sucres indigènes ou coloniaux français auxquels ils sont appliqués.

Les redevables qui veulent faire emploi de certificats d'enlèvement doivent, huit jours à l'avance, remettre au comptable un bordereau détaillé desdits certificats. Ils peuvent s'affranchir de cette obligation soit en fournissant une caution solvable répondant avec eux de la validité de ces titres, soit en consignant une somme égale à la différence des deux tarifs pendant le délai nécessaire pour s'assurer de cette validité, sans que ce délai puisse excéder huit jours.

ART. 5.

Dans le cas où un certificat d'enlèvement ne peut être imputé que partiellement, ce certificat n'en est pas moins conservé par le comptable, mais il en est délivré, pour la quantité de sucre restant disponible, un extrait qui, indépendamment des mentions énoncées à l'article 2 ci-dessus, indique le numéro, le bureau et la date de délivrance du certificat primitif, ainsi que la quantité totale portée au dit certificat. L'extrait est visé par le directeur ou le sous-directeur; il a la même durée de validité que le certificat primitif.

Dispositions maintenues. | **Dispositions abrogées.**

DÉCRET DU 11 AOÛT 1899. (Suite.)

ART. 6.

Les dispositions qui précèdent sont applicables aux sucres représentant le déchet de fabrication alloué aux sucres coloniaux en vertu de l'article 2, paragraphe 1er, de la loi du 13 juillet 1886, lorsque ces sucres ne sont pas soumis au payement de la taxe réduite au moment de l'importation.

Le certificat est délivré au signataire de la déclaration d'importation par le receveur des douanes du port d'arrivée. Il est valable jusqu'au 31 décembre qui suit l'expiration de la campagne pendant laquelle il a été délivré.

ART. 7.

Les dispositions du présent décret entreront en vigueur le 1er septembre prochain. A partir de ce moment, les détenteurs de sucres passibles du droit réduit pourront obtenir pour ceux de ces sucres qui se trouveront en circulation ou en entrepôt la délivrance de certificats d'enlèvement.

Les certificats seront établis au nom des détenteurs des sucres. Toutefois, s'il s'agit de sucres warrantés, la délivrance des certificats n'aura lieu que sur la représentation et le dépôt d'une autorisation des bailleurs de fonds.

ART. 8.

Les sucres présentés dans les entrepôts à la décharge des comptes

Dispositions maintenues.	Dispositions abrogées.

DÉCRET DU 11 AOÛT 1899. (Suite.)

d'admission temporaire n'y sont reçus qu'après reconnaissance et vérification des chargements, préalablement à leur introduction.

LOI DU 24 FÉVRIER 1900. (Douanes.)

ARTICLE PREMIER.

Le tableau A annexé à la loi du 11 janvier 1892 est modifié comme suit :

		TARIF général.	TARIF minimum.
		les 100 kilogr.	
N° 98. Chocolat.	contenant plus de 55 p. 100 de cacao........	300f 00	150f 00
	contenant 55 p. 100 de cacao ou moins........	200 00	102 25

DÉCRET DU 26 OCTOBRE 1902.

ARTICLE PREMIER.

Le premier paragraphe de l'article 2 du décret du 8 août 1878 est complété ainsi qu'il suit :

« Le poids minimum des expéditions de sucre vanillé présenté à la décharge des comptes d'admission temporaire de sucre est fixé à 50 kilogrammes net. »

ANNEXE III.

MODÈLES.

I. — Liste des modèles supprimés.

II. — Nomenclature des modèles.

III. — Reproduction des modèles nouveaux, ainsi que des modèles actuels qui ont subi des modifications importantes. Liste des modèles reproduits.

ANNEXE III.

MODÈLES.

I. — Liste des modèles supprimés.

N°s des modèles.	1° Modèles du service des sucres.
2 A.	Registre d'inscription des pesées de betteraves.
2 B.	Registre de diffusion.
3 A.	Feuille de contrôle du pesage des betteraves.
9 B (bleu).	Acquits-à-caution pour le transport des sucres destinés au sucrage des vins, cidres et poirés.
9 D.	Acquits-à-caution garantissant la taxe de fabrication.
10.	État de contrôle de la fabrication.
13 B (bleu).	Relevé des acquits délivrés pour le sucrage des vins, cidres et poirés.
14 B (bleu).	Registre de dépouillement des acquits non rentrés. Sucrage (direction ou sous-direction).
15 B (bleu).	Registre de dépouillement des acquits non rentrés. Sucrage (recettes particulières).
22 B.	État de produit de la taxe de fabrication.
26 A.	Bulletin d'avertissement pour la prise en charge au compte de fabrication (râperies).
26 B.	Relevé des pesées de betteraves.
40.	Avis d'imputation de certificats d'entrée en entrepôt.
40 A.	Avis d'exportation de sucres entreposés.
55 B (bleu).	Étiquette pour les mélasses.
72 B.	Avis d'envoi d'échantillons de betteraves.
73 A.	Certificats d'enlèvement de sucres indigènes passibles du droit réduit.
73 B.	Extraits de certificats d'enlèvement.
74.	Bulletin de correspondance relatif à l'authenticité des certificats d'enlèvement et des extraits de ces certificats.
75.	Relevé mensuel des certificats d'enlèvement et des extraits délivrés.

N°s des modèles.	
76.	Bordereau, par circonscription d'origine, des certificats d'enlèvement et des extraits employés.
77.	Bordereau récapitulatif des certificats d'enlèvement et des extraits employés dans chaque bureau.
87.	Tableau de la consistance de l'inspection des sucres. Rattaché au modèle 45 A *bis*.

2° ADMISSION TEMPORAIRE.

6 B.	Déclaration pour les sucres raffinés destinés au sucrage des vins, cidres et poirés.
7 B.	Certificat d'emploi pour le sucrage.
10 B.	Avis d'imputation de certificats 7 B (sucrage).
11 B.	Carnet pour les sucres déclarés pour le sucrage.
22.	Relevé des certificats 7 B (sucrage).
24.	Avis récapitulatif d'imputation de certificats 7 B (sucrage).
25.	Bons de droits (primes d'exportation).
28.	Bons de droits (primes d'exportation, sucres exportés des fabriques).

II. — Nouvelle nomenclature des modèles (1).

1° SERVICE DES SUCRES.

1.	Registre de déclaration de fabrication.
2.	Registre des défécations (modèle nouveau).
3.	Relevé des défécations, par journées (modèle nouveau).
4.	Registre de déclaration de mise en cristallisation.
4 A.	Déclaration de turbinage et d'introduction en magasin.
5.	Registre de déclarations diverses.
6.	Carnet portatif.
7 A.	Portatif pour les fabriques simples.
7 B.	Portatif pour les fabriques-raffineries.
8.	Carnet présentant le détail des quantités expédiées.
9 (noir).	Acquits-à-caution pour le transport des sucres, mélasses et glucoses (produits libérés d'impôts).
9 A (rouge).	Acquits-à-caution (sucres, etc., non libérés d'impôt).

(1) Les modifications nécessaires seront apportées à l'état des impressions n° 151 B.

Nos des modèles.	
11.	Laissez-passer pour les sucres libérés d'impôt.
11 A.	Laissez-passer pour les sucres libérés d'impôt expédiés sur les raffineries (modèle nouveau).
12.	Registre de décharge des acquits.
12 A.	Registre de décharge des acquits.
13 (noir).	Relevé des acquits n° 9 délivrés.
13 A (rouge).	Relevé des acquits n° 9 A délivrés.
14 (noir).	Registre de dépouillement des acquits 9 non rentrés (direction ou sous-direction).
14 A (rouge).	Registre de dépouillement des acquits 9 A non rentrés (direction ou sous-direction).
15 (noir).	Registre de dépouillement des acquits 9 non rentrés (recettes particulières).
15 A (rouge).	Registre de dépouillement des acquits 9 A non rentrés (recettes particulières).
17.	Carnet de situation des vaisseaux de grande dimension.
19.	Bordereau d'enlèvement (raffineries).
19 A.	Bulletin d'expédition ou de sortie.
20	Carnet d'analyse et de vérification des sucres des raffineries.
20 A.	Carnet pour l'inscription des coupons de certificats d'exportation ou d'entrée en entrepôt (raffineries).
21	Portatif pour l'exercice des raffineries.
22	État de produit (droit de consommation sur les sucres et glucoses, droit sur les amidines, maïs et dérivés).
22 A.	État de produit (redevance de 4 centimes).
22 A (spéc.).	État de produit (taxe de raffinage).
24.	Registre de soumissions cautionnées.
25.	Tableau trimestriel des redevables proposés pour le crédit.
26.	Registre des bulletins d'avertissement.
27.	Registre de travail des employés.
28.	Étiquettes pour les vaisseaux.
29.	Étiquettes pour les séries de vaisseaux.
30.	Registre d'inscription des obligations.
30 A.	Comptes ouverts pour les crédits de droits.
30 B.	Relevé des crédits soumissionnés.
31.	Obligations souscrites par les redevables.
32.	Relevé mensuel des quantités sorties par fabrique
33.	Extrait de bulletin d'avertissement.
34.	Bulletin d'entrée ou de transfert (entrepôts).
35.	Bulletin de sortie (entrepôts).
36.	Comptes ouverts aux entrepositaires.
37.	Situation des comptes ouverts.

N°s des modèles.	
38.	Relevé de la destination définitive donnée aux sucres.
39.	Subdivision d'acquits-à-caution.
40 B.	Contrôle de l'emploi des bons de droits.
41.	Renseignements sur les sucres et glucoses soumis aux droits ou exportés.
42 A.	Relevé présentant la situation du compte général des fabriques.
42 B.	Relevé présentant le développement des décharges par espèce de sucre.
42 C.	Relevé présentant le rendement des jus et des sirops.
43.	Relevé présentant, par fabrique, la situation du compte général.
45 A.	Rapport des inspecteurs.
45 A *bis*.	Rapport des inspecteurs et consistance des inspections.
48.	Avis de rédaction de procès-verbal.
49.	Renseignements statistiques sur les fabriques de sucre.
50.	Registre de déclarations (glucoses).
51.	Registre des opérations journalières (glucoses).
52.	Portatif pour les fabriques de glucoses.
53.	Laissez-passer pour les glucoses.
54.	Résultat mensuel des comptes des fabriques de glucoses.
55A (blanc).	Étiquettes pour les mélasses dirigées sur une fabrique ou une sucraterie.
55C (rouge).	Étiquettes pour les mélasses expédiées en distillerie, à l'étranger, aux usages agricoles ou à la consommation.
56.	Analyse des sucres. Dosage du sucre cristallisable.
57.	Analyse des sucres. Dosage du glucose.
58.	Analyse des sucres. Dosage de l'eau et des cendres.
58 B.	Analyse des sucres. Essais à recommencer.
59.	Procès-verbal de prélèvement d'échantillons.
61 A.	Étiquette à apposer sur les échantillons envoyés à la direction ou la sous-direction.
61 B.	Étiquette à apposer sur les échantillons, dans la direction ou la sous-direction.
62.	Registre d'analyses (série A). Échantillons de sucre prélevés en fabrique.
62 A.	Registre d'analyses (série M). Mélasses.
62 A *bis*.	Registre d'analyses. (Raffineries-entrées).
62 A *ter*.	Registre d'analyses (Raffineries-sorties).
62 B.	Registre d'analyses (pour contrôle).
63.	Feuille de dépouillement du registre d'analyses.
63 A.	Échantillons de mélasses prélevés en fabrique (série M).
63 A *bis*.	Échantillons prélevés à l'entrée des raffineries (série E).
63 A *ter*.	Échantillons prélevés à la sortie des raffineries (série S).

Nos des modèles.	
63 B.	Échantillons prélevés pour contrôle.
63 C.	Relevé des échantillons de contrôle prélevés à destination.
64.	Avis de classement des sucres.
65.	Dépouillement des analyses.
66.	Dépouillement des analyses. État récapitulatif.
70.	Avis de classement définitif après expertise.
71.	Situation journalière du service des laboratoires de sucres.
72.	Avis d'envoi d'échantillons de sucre.

2° Admission temporaire des sucres.

1.	Registre d'obligations cautionnées.
2.	Sommier des obligations souscrites.
4.	Registre de récépissés d'obligations.
6.	Déclarations d'exportation ou d'entrée en entrepôt.
7.	Registre de certificats d'exportation ou d'entrée en entrepôt.
7 A.	Registre de certificats d'exportation ou d'entrée en entrepôt (préparations sucrées).
7 C.	Registre de certificats d'exportation ou d'entrée en entrepôt (sucres raffinés).
8.	Registre de passavants d'exportation.
10.	Avis d'imputation.
11.	Extraits de certificats d'exportation ou d'entrée en entrepôt (7 et 7 A).
11 C.	Extraits de certificats d'exportation ou d'entrée en entrepôt (7 C).
21.	Relevé des certificats délivrés.
23.	Avis récapitulatif d'imputation de certificats.
26.	Bons de droits (Détaxe, sucres coloniaux, modèle des douanes).
27.	Bons de droits (Détaxe, sucres indigènes).

III. — Liste des modèles reproduits.

2.	Registre des défécations (modèle nouveau).
3.	Relevé journalier des défécations (modèle nouveau).
7 A.	Portatif pour les fabriques simples.
11 A.	Registre des laissez-passer (sucres expédiés sur les raffineries) (modèle nouveau).
22.	État de produit.
24.	Registres de soumissions cautionnées.

N°s des modèles.	
26.	Bulletins d'avertissement pour les droits sur les sucres et les glucoses.
32.	Relevé mensuel des quantités sorties, par fabrique.
33.	Extrait de bulletin d'avertissement.
37.	Situation des entrepôts.
38.	Destination définitive donnée aux sucres.
41.	Renseignements sur les sucres et les glucoses soumis aux droits.
42 A.	Relevé présentant, par fabrique, la situation du compte général.
42 B.	Relevé présentant le développemment des décharges, par espèce de sucre.
42 C.	Relevé présentant le rendement des jus et des sirops.
43.	Relevé récapitulatif présentant la situation du compte général des fabriques.
49.	Renseignements statistiques sur les fabriques de sucre.

Publication au *Journal officiel.*

1° Tableau récapitulatif de la production et du mouvement des sucres indigènes.

2° État de quinzaine : rendement des jus et des sirops.

N° 181. — Sucres, n° 2. — Titre. (Avril 1903.)

DIRECTION GÉNÉRALE

DES CONTRIBUTIONS INDIRECTES.

DÉPARTEMENT d	SUCRES.	RECETTE PARTICULIÈRE d
ARRONDISSEMENT d	*CAMPAGNE 19 -19 .*	FABRIQUE de M. à
	N° 2.	

REGISTRE DES DÉFÉCATIONS

À REMPLIR

PAR LES FABRICANTS DE SUCRE INDIGÈNE DE BETTERAVE.

Commencé au n° le 19 , et fini au n° le 19 .

Le présent Registre, contenant feuillets, celui-ci compris, a été coté et parafé à chaque feuillet et numéroté à chaque article, du n° au n° inclusivement, par le des Contributions indirectes, à , soussigné, pour servir à M. (1) , fabricant de sucre indigène de betterave à , inscrire les défécations au fur et à mesure qu'elles auront lieu, en conformité des lois et règlements.

A , le mil neuf cent

(1) Nom et prénom.

Exemples remplis.

Déclarations du fabricant.	*Vérifications.*
N° *1569.* Du *4 octobre* 19 *03.* Le jus commence à couler pour faire une défécation, dans la CHAUDIÈRE n° *un*, à *dix* heures *1/4* du *matin.* Cette défécation a été terminée et le robinet de décharge a été ouvert à *onze* heures *1/2* du *matin.*	Le jus a été reconnu à *quatre* degrés *trois* dixièmes, à *onze* heures *1/4* du *matin.* Il a été ajouté à la défécation : *douze* litres de *mélasse* (1). *Signé : Martin.* (1) *Sirop, mélasse, sucre imparfait ou lait de chaux.*

N° 481. — Sucres, n° 2. — Interc. (Avril 1903.)

Déclarations du fabricant.	*Vérifications,* *Feuillet.*
N° Du 19 . Le jus commence à couler pour faire une défécation, dans la CHAUDIÈRE n° , à heures du . Cette défécation a été terminée et le robinet de décharge a été ouvert à heure du .	Le jus a été reconnu à degré dixième , à heures du . Il a été ajouté à la défécation : litres de ,

INSTRUCTION.

ARTICLE 1er. Le présent registre est destiné à inscrire toutes les défécations opérées dans les fabriques au fur et à mesure qu'elles auront lieu, et sans interruption ni lacune.

Ce registre sera placé dans la partie de l'atelier de fabrication où se trouvent les chaudières à déféquer.

2. Le fabricant y inscrira :

A l'instant même où le jus commencera à couler dans la chaudière, 1° le numéro de cette chaudière; 2° la date et l'heure du commencement de l'opération;

Et à la fin de la défécation, c'est-à-dire *à l'instant où le robinet de décharge sera ouvert*, l'heure à laquelle la défécation sera terminée.

3. Avant que la chaux soit versée dans la chaudière, et préalablement à tout mélange d'autres matières, le service constatera la densité du jus soumis à la défécation. Les employés se borneront toutefois à procéder, chaque jour, à un certain nombre de pesées d'épreuve. Ils récapituleront, à la fin de chaque journée, en un seul total, les degrés constatés, pour en former une moyenne applicable à l'ensemble des défécations.

S'il est ajouté au jus des sucres imparfaits, des sirops, des mélasses ou du lait de chaux, le volume en sera vérifié et constaté par les employés.

Toute vérification sera signée par l'agent qui l'aura opérée.

Toute rature ou surcharge sera soigneusement approuvée.

4. Chaque défécation doit être distinctement déclarée.

5. Les indications du présent registre serviront à remplir les feuilles n° 3 sur lesquelles chaque agent inscrira de sa main le nombre de chaudières à déféquer qui auront été remplies pendant la durée de sa permanence.

6. Avant de remettre le registre au fabricant, le chef de service, délégué à cet effet, aura soin de numéroter chaque article.

7. Les numéros seront suivis sans interruption du commencement à la fin de chaque campagne. Lorsqu'un registre sera rempli, on continuera au registre nouveau la série commencée.

8. Les employés, en remettant le registre au fabricant, retireront le récépissé qu'il devra signer, et le renverront au chef de service.

9. Au fur et à mesure que les registres seront remplis, ils seront retirés par les employés et remis au chef de service.

DIRECTION GÉNÉRALE DES CONTRIBUTIONS INDIRECTES

SUCRES

Je soussigné (1) . fabricant de sucre à reconnais avoir reçu de M. le Receveur des Contributions indirectes à , un registre destiné à constater les défécations, contenant feuillets, cotés et parafés. Lequel registre, numéroté à chaque article du n° au n° inclusivement, m'a été remis pour en faire l'usage prescrit par les lois et règlements sur la fabrication du sucre indigène, dont les dispositions sont rappelées dans l'instruction annexée audit registre, à laquelle je m'engage à me conformer entièrement; m'obligeant, en outre, à représenter ce registre à toute réquisition des employés de la régie.

A , le mil neuf cent

(1) Nom et prénom.

FABRIQUE DE SUCRE

de M.

à .

CAMPAGNE 19 -19 .

DIRECTION GÉNÉRALE

DES CONTRIBUTIONS INDIRECTES.

N° 485.

SUCRES N° 3.

(Avril 1903.)

Relevé des défécations opérées dans la journée du 19 .

RAPPEL des ARTICLES du registre n° 2.	NUMÉRO ET CONTENANCE NETTE DES CHAUDIÈRES EMPLOYÉES.								VOLUME DES SUCRES imparfaits, sirops, mélasses ou lait de chaux ajoutés à chaque défécation.	QUANTITÉ DE JUS à prendre en charge.	DEGRÉ du JUS.	VOLUME DU JUS multiplié par la densité moyenne.
	1.	2.	3.	4.	5.	6.	7.	8.				
	h. l.	h. l.	h. l.	h. l.	h. l.	h. l.	h. l.	h. l.	h. l.	h. l.		h. l.
A reporter.												....

RAPPEL des ARTICLES du registre n° 2.	NUMÉRO ET CONTENANCE NETTE DES CHAUDIÈRES EMPLOYÉES.								VOLUME DES SUCRES imparfaits, sirops, mélasses ou lait de chaux ajoutés à chaque défécation.	QUANTITÉ DE JUS à prendre en charge.	DEGRÉ du JUS.	VOLUME DU JUS multiplié par la densité moyenne.
	1.	2.	3.	4.	5.	6.	7.	8.				
	h. l.	h. l.	h. l.	h. l.	h. l.	h. l.	h. l.	h. l.	h. l.	h. l.		h. l.
Report.												....
TOTAUX.												....
Degré moyen (1)..												
Quantités de sucre raffiné à prendre en charge, à raison de 1.500 grammes par hectolitre de jus et par degré de densité												

ARRÊTÉ les défécations de la journée du 19 , à la quantité de hectolitres litres de jus, laquelle quantité représente en sucre raffiné, d'après les densités constatées au registre n° 2,

kilogrammes.

(1) Pour le calcul du degré moyen du jus, on se conformera à la méthode dont l'emploi a été prescrit, à titre général, par la lettre commune n° 3073, du 30 novembre 1868.

N° 490.

Sucres, n° 7 A.
(Titre général.)
(Avril 1903.)

DIRECTION GÉNÉRALE DES CONTRIBUTIONS INDIRECTES.

DÉPARTEMENT d		INSPECTION* d
ARRONDISSEMENT d	SUCRES.	CONTRÔLE** d
COMMUNE d	N° 7 A.	POSTE d

* Ou *Sous-Direction.*
** Ou *Recette.*

COMPTE GÉNÉRAL ET COMPTE AUXILIAIRE

POUR L'EXERCICE

DES FABRIQUES DE SUCRE QUI NE RAFFINENT PAS LEURS PRODUITS.

1° Compte général de la Fabrication;
2° Compte auxiliaire pour les sucres achevés en poudre.

CAMPAGNE DE 190   190 .

FABRIQUE DE M
à

Le présent Registre, contenant   feuillets, celui-ci compris, a été coté et parafé, à chacun desdits feuillets, par nous, Juge de paix d   soussigné, pour servir aux employés des Contributions indirectes, à la résidence d   dans les exercices qu'ils doivent faire, en exécution des lois et règlements, chez M.   fabricant de sucre à

Fait à   , le   mil neuf cent

RENSEIGNEMENTS.

CHAUDIÈRES à déféquer ou bacs à carbonater.		AUTRES CHAUDIÈRES.		DIFFUSEURS.		DATE du dernier épalement.
Numéros.	Contenances.	Numéros.	Contenances.	Numéros.	Contenances.	

BACS.							
Numéros.	Contenance partielle.	Contenance totale.	Date du dernier épalement.	Numéros.	Contenance partielle.	Contenance totale.	Date du dernier épalement.

Folio du compte ouvert n° 75 C.................

Licence... { Numéro du registre n° 16..........
Numéro de l'état de produit n° 51 A.

N° 490.

SUCRES, N° 7 A.)
(Titre n° 1.)
(Avril 1903.)

COMPTE GÉNÉRAL DE LA FABRICATION.

ARRÊTÉ MENSUEL DES OPÉRATIONS DE LA CAMPAGNE.

N° 490.

Sucres, n° 7 A. (Interc. n° 1.) (Avril 1903.)

CADRE 2. *Charges exprimées en sucre raffiné.*

DATE DE L'ARRÊTÉ.	VOLUME DES JUS soumis à la défécation.		DENSITÉ MOYENNE des jus soumis à la défécation.	NOMBRE de DEGRÉS-HECTOLITRES. (Col. 2 × col. 3.)		REPRISES			ENTRÉES			CHARGES CORRESPONDANT au rendement légal à raison de 1,500 grammes de sucre raffiné par hectolitre et par degré de densité des jus soumis à la défécation. (Col. 4 × 1,500 gr.)		EXCÉDENTS CONSTATÉS aux deuxième et troisième inventaires.		TOTAUX.
						IMPOSABLES y compris les excédents constatés au premier inventaire.	PLACÉES sous le régime de l'admission temporaire.	LIBÉRÉES de tout impôt.	IMPOSABLES.	PLACÉES sous le régime de l'admission temporaire.	LIBÉRÉES de tout impôt.	Passibles du droit.	Placées sous le régime de l'admission temporaire.	Passibles du droit.	Placées sous le régime de l'admission temporaire.	
1	2		3	4		5	6	7	8	9	10	11	12	13	14	15
	hectol.	lit.		d.h.	d.d.											
30 septembre																
31 octobre																
30 novembre																
31 décembre																
31 janvier																
28 février																
31 mars																
30 avril																
31 mai																
30 juin																
31 juillet																
31 août																

CADRE 2. (Suite.) *Décharges exprimées en sucre raffiné afférentes aux charges.*

DATE DE L'ARRÊTÉ.	IMPOSABLES.									PLACÉES sous le régime de l'admission temporaire.	LIBÉRÉES DE TOUT IMPÔT.		TOTAUX.	RESTES EN FABRIQUE.	
	QUANTITÉS expédiées à la consommation.		QUANTITÉS expédiées en suspension du payement des droits.			SUCRES des mélasses expédiées		PERTES matérielles et autres décharges.	MANQUANTS constatés aux deuxième et troisième inventaires.						
	Sucres achevés soumis au droit.	Sucres contenus dans les mélasses.	Sur les fabriques.	Sur les entrepôts.	Pour l'exportation.	sur d'autres fabriques ou sur des sucreries exercées à 30 p. 0/0.	pour les usages agricoles, sur les distilleries ou à l'étranger à 5 p. 0/0.				Sucres achevés.	Sucre contenu dans les mélasses.		Sucres achevés.	Produits en cours de fabrication.
1	2	3	4	5	6	7	8	9	10	11	12	13	14	15	16
30 septembre															
31 octobre															
30 novembre															
31 décembre															
31 janvier															
28 février															
31 mars															
30 avril															
31 mai															
30 juin															
31 juillet															
31 août															

RELEVÉ DES OPÉRATIONS PAR MOIS.

N° 490.

SUCRES n° 7 A. (Interc. n° 1 A.)
(Avril 1903.)

CADRE 3. *Charges exprimées en sucre raffiné.*

PÉRIODES.	VOLUME DES JUS soumis à la défécation.		DENSITÉ MOYENNE des jus soumis à la défécation.	NOMBRE de DEGRÉS-HECTOLITRES. (Col. 2 × col. 3.)		REPRISES			ENTRÉES			CHARGES CORRESPONDANT au rendement légal à raison de 1,500 grammes de sucre raffiné par hectolitre et par degré de densité des jus soumis à la défécation. (Col. 4 × 1,500 gr.)		EXCÉDENTS CONSTATÉS aux deuxième et troisième inventaires.		TOTAUX.
						IMPOSABLES y compris les excédents constatés au premier inventaire.	PLACÉES sous le régime de l'admission temporaire.	LIBÉRÉES de tout impôt.	IMPOSABLES.	PLACÉES sous le régime de l'admission temporaire.	LIBÉRÉES de tout impôt.	Passibles du droit.	Placées sous le régime de l'admission temporaire.	Passibles du droit.	Placées sous le régime de l'admission temporaire.	
1	2		3	4		5	6	7	8	9	10	11	12	13	14	15
	hectol.	lit.		d.-h.	d.-l.											
ptembre																
tobre																
vembre																
cembre																
nvier																
vrier																
rs																
ril																
ai																
in																
illet																
ût																

CADRE 3 (Suite.) *Décharges exprimées en sucre raffiné afférentes aux charges.*

PÉRIODES.	IMPOSABLES.									PLACÉS sous le régime de l'admission temporaire.	LIBÉRÉS DE TOUT IMPÔT.		TOTAUX.	RESTES EN FABRIQUE.	
	QUANTITÉS expédiées à la consommation.		QUANTITÉS expédiées en suspension du payement des droits.			SUCRES des mélasses expédiées		PERTES matérielles et autres décharges.	MANQUANTS constatés aux deuxième et troisième inventaires.						
	Sucres achevés soumis au droit.	Sucres contenus dans les mélasses.	Sur les fabriques.	Sur les entrepôts.	Pour l'exportation.	sur d'autres fabriques ou sur des sucreries exercées à 30 p. o/o.	pour les usages agricoles, sur les distilleries ou à l'étranger à 5 p. o/o.				Sucres achevés.	Sucre contenu dans les mélasses.		Sucres achevés.	Produits en cours de fabrication.
1	2	3	4	5	6	7	8	9	10	11	12	13	14	15	16
tembre															
ohre															
embre															
cembre															
vier															
rier															
s															
il															
n															
let															
t															

CADRE 4. — COMPTE GÉNÉRAL.

Compte général de la fabrication.

N° 490. SUCRES, N° 7 A. (Interc. n° 1 B.) — 1903.

RAPPEL DES REGISTRES sur lesquels le détail des opérations a été inscrit. — Numéros et articles des registres de déclarations, d'acquits-à-caution et de décharges.	RAPPEL DES REGISTRES … — Lettres et folio des carnets portatifs n° 6.	ACTES.	VOLUME DES JUS soumis à la défécation.		DENSITÉ MOYENNE des jus soumis à la défécation.	NOMBRE de DEGRÉS-HECTOLITRES. (Col. 3 × col. 4.)		CHARGES EN SUCRE RAFFINÉ. — CHARGES correspondant au rendement légal. (Col. 5 × 1,500 gr.) — Non placées sous le régime de l'admission temporaire.	CHARGES EN SUCRE RAFFINÉ. — CHARGES correspondant au rendement légal. — Placées sous le régime de l'admission temporaire.	CHARGES EN SUCRE RAFFINÉ. — CHARGES de toute autre nature (Reprises, entrées, excédents, etc.) — passibles du droit.	CHARGES de toute autre nature — placées sous le régime de l'admission temporaire.	CHARGES de toute autre nature — libérées de tout impôt.	DÉCHARGES EN SUCRE RAFFINÉ AFFÉRENTES AUX CHARGES. — IMPOSABLES. — Quantités expédiées à la consommation. — Sucres achevés imposés.	IMPOSABLES. — Quantités expédiées à la consommation. — Sucre contenu dans les mélasses.	IMPOSABLES. — Quantités expédiées en suspension du payement du droit. — Sur les fabriques.	Quantités expédiées en suspension du payement du droit. — Sur les entrepôts.	Quantités expédiées en suspension du payement du droit. — Pour l'exportation.	Quantités expédiées en suspension du payement du droit. — Sucres des mélasses expédiées sur d'autres fabriques ou sur des sucrateries exercées, à 30 p. o/o.	Sucres des mélasses expédiées pour les usages agricoles, sur les distilleries ou à l'étranger à 5 p. o/o.	Quantités expédiées en suspension du payement du droit. — Autres décharges.	PLACÉES SOUS LE RÉGIME de l'admission temporaire.	LIBÉRÉES de tout impôt. — Sucre achevé.	LIBÉRÉES de tout impôt. — Sucre contenu dans les mélasses.	POIDS EFFECTIFS DES MÉLASSES EXPÉDIÉES à toute destination.
1	2		3		4	5		6	7	8	9	10	11	12	13	14	15	16	17	18	19	20	21	22
			hectol.	litr.		d.-h.	d.-l.	kilogr.	kilogr.	kilogr.	kilogr.	kilogr.	kilogr.	kilogr.	kilogr.	kilogr.	kilogr.	kilogr.	kilogr.	kilogr.	kilogr.	kilogr.	kilogr.	kilogr.

N° 490.

SUCRES, N° 7 A. (Titre n° 2.)
(Avril 1903.)

COMPTE AUXILIAIRE DE MAGASIN

POUR LES SUCRES ACHEVÉS EN POUDRE.

Compte auxiliaire de magasin pour les sucres achevés en poudre.

RAPPEL DES REGISTRES sur lesquels le détail des opérations a été inscrit.		ACTES DE PRISE EN CHARGE ET DE DÉCHARGE.	CHARGES.			DÉCHARGES.			TITRAGE NET DES SUCRES EXPÉDIÉS.	PRODUIT DE LA MULTIPLICATION DES QUANTITÉS EXPÉDIÉES PAR LE TITRAGE NET DIVISÉ PAR 100.	DÉDUCTION À RAISON DE 1 1/2 P. 100 DU TITRAGE NET.	QUANTITÉS EXPRIMÉES EN SUCRE RAFFINÉ.
			QUANTITÉS OBTENUES									
NUMÉROS ET ARTICLES des registres de déclaration d'acquits-à-caution et de décharge.	LETTRE et folio des carnets portatifs (n° 6).		par les turbines.		REPRISES, ENTRÉES ET EXCÉDENTS.	QUANTITÉS EXPÉDIÉES.	MANQUANTS.	QUANTITÉS REMISES EN FABRICATION.				
1	2		3	4	5	6	7	8	9	10	11	12

N° 498 *bis.*

DIRECTION GÉNÉRALE DES CONTRIBUTIONS INDIRECTES.

SUCRES n° 11 A.
TITRE.
(Avril 1903.)

DÉPARTEMENT d	SUCRES.	RECETTE PARTICULIÈRE d
ARRONDISSEMENT d	EXERCICE 190 .	BUREAU d

N° 11 A.

REGISTRE DES LAISSEZ-PASSER

à délivrer pour régulariser le transport des sucres libérés d'impôt expédiés sur les raffineries et établissements assimilés dans les conditions déterminées par l'article 5 du décret du 30 août 1893.

Le présent registre, contenant feuillets, celui-ci et le dernier non compris, a été coté et parafé par nous soussigné, pour servir dans le bureau d à l'enregistrement des déclarations donnant lieu, conformément aux lois et règlements, à la délivrance des laissez-passer pour le transport des sucres libérés d'impôt expédiés sur les raffineries simples et les établissements assimilés.

A , le mil neuf cent

Commencé au n° , le 190 , et fini au n° , le 190 .

	QUANTITÉS DÉCLARÉES.						NOMBRE des TIMBRES délivrés.
	QUANTITÉS DE SUCRE.		TITRAGE net.	PRODUIT de la multiplication des quantités effectives par le titrage net divisé par 100.	DÉDUCTION à raison de 1 1/2 p. 0/0 du rendement net.	QUANTITÉS exprimées en sucre raffiné.	
	Poids brut.	Poids net.					
	1	2	3	4	5	6	7
	kilogr.	kilogr.		kilogr.	kilogr.	kilogr.	
Report...							
A reporter.							

N° 498 *bis*. — *Sucres* N° 11 A. — Intérc. (Avril 1903.)

N°

Le

mil neuf cent à heure du

M.*

a déclaré vouloir faire enlever** à heure

du de situé à

et conduire chez M. raffineur

à par la voiture de

voiturier par

la quantité de colis, marqués

pesant brut kilogrammes

et contenant kilogrammes

de sucre brut, lesquels représentent

kilogrammes

de sucre raffiné d'après les résultats de l'analyse effectuée dans les laboratoires de l'Administration, savoir :

Laboratoire où les sucres ont été analysés..........	Rendement net (fractions déduites)..
Numéro sous lequel les sucres ont été analysés........	Quantités effectives.
Degré saccharimétrique (fractions comprises)......	Produit de la multiplication de la quantité effective par le rendement divisé par 100..
Glucose..........	Déduction à raison de 1 1/2 p. 0/0 du rendement...
Cendres.........	Quantité exprimée en sucre raffiné..

Lesdits sucres devront être rendus à destination dans le délai de

en suivant la route ordinaire et sans pouvoir s'en écarter, le tout sous les peines portées par les lois et règlements.

Sommé de signer, a

* Nom, qualité ou profession.
** Ce jour ou demain.

RÉGIE DES CONTRIBUTIONS INDIRECTES.

DÉPARTEMENT d — SUCRES.

ARRONDISSEMENT d — LAISSEZ-PASSER N°

Laissez passer la quantité de colis marqués ayant un poids brut de kilogrammes et contenant kilogrammes de sucre brut, lesquels représentent kilogrammes de sucre raffiné d'après les résultats de l'analyse effectuée dans les laboratoires de l'Administration, savoir :

Laboratoire où les sucres ont été analysés..	Rendement net (fractions déduites)......
Numéro sous lequel les sucres ont été analysés.........	Quantités effectives.........
Degré saccharimétrique (fractions comprises)........	Produit de la multiplication de la quantité effective par le rendement divisé par 100.
Glucose.......	Déduction à raison de 1 1/2 p. 0/0 du rendement......
Cendres.......	Quantité exprimée en sucre raffiné.......

et que M.*
a déclaré vouloir faire enlever**
à heure du
de situé à
et conduire chez M. raffineur
à par la voiture
de voiturier par
Lesdits sucres devront être rendus à destination dans le délai de
en suivant la route ordinaire et sans pouvoir s'en écarter, le tout sous les peines portées par les lois et règlements.

Au bureau de , le
mil neuf cent ,
à heure du ,

Reçu 10 centimes pour timbre.

Vu à

à heure du

le

Vu et vérifié à l'arrivée à destination.

A , *le* *190* .

Inscrit au carnet d'entrées, le

sous le n°

Le Chef de poste,

VU ET VÉRIFIÉ :

Le Contrôleur,

Exemple d'un enregistrement et d'une ampliation remplis.

	QUANTITÉS DÉCLARÉES.						NOMBRE des TIMBRES délivrés.
	QUANTITÉS DE SUCRE.		TITRAGE	PRODUIT de la multiplication des quantités effectives par le titrage net divisé par 100.	DÉDUCTION à raison de 1 1/2 p. 0/0 du rendement net.	QUANTITÉS exprimées en sucre raffiné.	
	Poids brut.	Poids net.	net.				
	1	2	3	4	5	6	7
	kilogr.	kilogr.		kilogr.	kilogr.	kilogr.	
Report ...	86,050	85,200	»	71,329	1,068	70,261	7
	10,100	10,000	80	8,000	120	7,880	1
A reporter.	96,150	95,200		79,329	1,188	78,141	8

N°

Le *dix octobre* mil neuf cent *trois* à *onze* heures du *matin*, M.* *Lebaudy, raffineur,* a déclaré vouloir faire enlever** *ce jour,* à *deux* heures du *soir,* de l'entrepôt n° 1, situé à *Paris*, et conduire chez M. *lui-même* raffineur à Paris, par la voiture de *Durand*, voiturier *par terre*, la quantité de *cent* colis, marqués A L B, pesant brut *dix mille cent* kilogrammes et contenant *dix mille* kilogrammes de sucre brut, lesquels représentent *sept mille huit cent quatre-vingts* kilogrammes de sucre raffiné, d'après les résultats de l'analyse effectuée dans les laboratoires de l'Administration, savoir :

Laboratoire où les sucres ont été analysés..	*Paris.*	Rendement net (fractions déduites).....	80°
		Quantités effectives........	10,000^k
Numéro sous lequel les sucres ont été analysés.........	1340	Produit de la multiplication de la quantité effective par le rendement divisé par 100.	8,000^k
Degré saccharimétrique (fractions comprises).........	90,07	Déduction à raison de 1 1/2 p. 0/0 de rendement.....	120
Glucose.......	0,02		
Cendres.......	2,36	Quantité exprimée en sucre raffiné......	7,880^k

Lesdits sucres devront être rendus à destination dans le délai de *quinze minutes* en suivant la route ordinaire et sans pouvoir s'en écarter, le tout sous les peines portées par les lois et règlements.

Sommé de signer, *a accepté*

* Nom, qualité ou profession.
** Ce jour ou demain.

DÉPARTEMENT de la *Seine*.

ARRONDISSEMENT de *Paris*.

SUCRES. — LAISSEZ-PASSER N°

Laissez passer la quantité de *cent* colis marqués A L B ayant un poids brut de *dix mille cent* kilogrammes et contenant *dix mille* kilogrammes de sucre brut, lesquels représentent *sept mille huit cent quatre-vingts* kilogrammes de sucre raffiné, d'après les résultats de l'analyse effectuée dans les laboratoires de l'Administration, savoir :

Laboratoire où les sucres ont été analysés..	*Paris.*	Rendement net (fractions déduites)......	80°
		Quantités effectives........	10,000^k
Numéro sous lequel les sucres ont été analysés.........	1340	Produit de la multiplication de la quantité effective par le rendement divisé par 100.	8,000^k
Degré saccharimétrique (fractions comprises).........	90,07	Déduction à raison de 1 1/2 p. 0/0 du rendement.....	120
Glucose.......	0,02		
Cendres.......	2,36	Quantité exprimée en sucre raffiné......	7,880^k

et que M.* *Lebaudy, raffineur,* a déclaré vouloir faire enlever** *ce jour,* à *deux* heures du *soir,* de l'entrepôt n° 1, situé à *Paris*, et conduire chez M. *lui-même* raffineur à Paris, par la voiture de *Durand*, voiturier *par terre*.

Lesdits sucres devront être rendus à destination dans le délai de *quinze minutes* en suivant la route ordinaire et sans pouvoir s'en écarter, le tout sous les peines portées par les lois et règlements.

Au bureau de *l'entrepôt*, le *dix octobre* mil neuf cent *trois*.

Reçu 10 centimes pour timbre.

REGISTRE
DE LAISSEZ-PASSER
N° 11 A.

INSTRUCTION.

ARTICLE 1er. — Le présent registre sera exclusivement affecté à la délivrance des laissez-passer rendus obligatoires par le décret du 30 août 1893 pour régulariser le transport des sucres bruts libérés d'impôt à destination des raffineries exercées, en exécution des articles 8 à 13 de la loi du 5 août 1890, modifiés par les articles 23 à 26 de la loi du 16 juillet 1893.

2. — Les déclarations énonceront exactement les numéros, la marque et le nombre des colis, leur poids brut et net, les résultats de l'analyse à laquelle les sucres auront été soumis avant l'acquittement des droits; le rendement net des produits et la quantité de sucre raffiné qu'ils représenteront; le jour et l'heure de l'enlèvement; les noms, demeures et professions des destinataires et des voituriers, ainsi que le délai dans lequel les chargements devront être rendus à destination.

3. — Le délai pour le transport sera fixé à raison de deux myriamètres par jour; mais si les sucres ne doivent pas sortir de la commune ou des communes limitrophes, le délai sera fixé à raison d'un quart d'heure par kilomètre.

4. — Toute déclaration tendant à obtenir un laissez-passer doit être faite et signée par l'expéditeur lui-même ou par un fondé de pouvoirs. On considérera comme procuration suffisante toute déclaration écrite et signée par l'expéditeur.

5. — Il ne pourra être délivré de laissez-passer que pour les chargements qui devront être enlevés le jour même de la déclaration ou le lendemain au plus tard.

6. — Le coût de chaque laissez-passer détaché du présent registre est de 10 centimes pour prix du timbre.

7. — Les quantités déclarées et le nombre de timbres délivrés seront émargés en chiffres dans les colonnes disposées à cet effet. On additionnera ces colonnes et l'on reportera les totaux de page en page jusqu'à l'arrêté du registre.

8. — Les numéros d'enregistrement des déclarations seront suivis sans interruption du commencement à la fin de chaque exercice. Lorsqu'un registre se trouvera rempli dans le courant de l'année, on continuera au registre nouveau la série commencée. Après l'arrêté de fin d'année, on ouvrira une nouvelle série de numéros. Enfin, dans les bureaux où les exigences du service comporteraient la tenue simultanée de deux registres, on donnera à l'un la série paire des numéros et à l'autre la série impaire.

9. — Tout laissez-passer détaché de la souche sera considéré comme ayant été délivré. On ne délivrera jamais plusieurs laissez-passer pour un seul enregistrement ni un seul laissez-passer pour plusieurs enregistrements.

10. — Les blancs des déclarations et des expéditions seront toujours remplis en toutes lettres. Les ratures ou surcharges doivent toujours être approuvées.

11. — Les laissez-passer doivent être conformes en tout aux déclarations enregistrées et ils doivent porter le même numéro que la souche.

12. — Les laissez-passer devant servir de base à la tenue du carnet d'entrées n° 20 dans les raffineries, il importe que les énonciations relatives à l'analyse des sucres soient toujours libellées avec soin et rapprochées, avant l'enlèvement, des indications fournies par les acquits-à-caution délivrés au moment de la sortie des sucres des fabriques.

DÉPARTEMENT

d

SOUS-DIRECTION

d

RECETTE PARTICULIÈRE

d

CONTRIBUTIONS INDIRECTES.

SUCRES N° 22.

N° 510.
SUCRES N° 22.
(Avril 1903.)

ANNÉE 190 .

d TRIMESTRE

SUCRES ET GLUCOSES.

ÉTAT DE PRODUIT.

I.

DROIT DE CONSOMMATION SUR LES SUCRES DE BETTERAVE ET AUTRES SUCRES CRISTALLISABLES ET SUR LES GLUCOSES.

II.

DROIT SUR LES AMIDINES EN NATURE, LE MAÏS ET LEURS DÉRIVÉS INTRODUITS EN GLUCOSERIE.

FOLIOS DES ARRÊTÉS AUX PORTATIFS.	FOLIOS DU COMPTE OUVERT.	NOMS ET DEMEURES des fabricants.	QUANTITÉS IMPOSÉES.					AMIDINES INTRODUITES en glucoseries.		DROITS CONSTATÉS.	
			SUCRES CONTENUS dans les mélasses, sucres en poudre et sucres raffinés. (Quantités exprimées en sucre raffiné.)		SUCRES candis à 26f 75.	GLUCOSES		Amidine sèche en nature et amidine sèche contenue dans les maïs et dérivés. — 4 francs par 100 kil.	Amidine verte. — 4 francs par 150 kil.		
			A 25 fr.			à 5f 60	à 11f 20 (double droit).				
1	2	3	4	5	6	7	8	9	10	11	
			kilog.	kilog.	kilog.	kilog.	kilog.	kilog.	kilog.	fr.	c.

Nous soussignés, employés des Contributions indirectes, certifions le présent état de produit, montant à la somme de

conforme aux registres portatifs tenus pendant le e trimestre 1 .

A , le .

Vérifié par le soussigné.

A , le 1

DIRECTION GÉNÉRALE
DES
CONTRIBUTIONS INDIRECTES.

N° 514.
Sucres, n° 24 [Titre.]
(Mai 1903.)

DÉPARTEMENT
d

DIRECTION
d

RECETTE
d

SUCRES.

N° 24.

EXERCICE 190 .

REGISTRE

Des Soumissions cautionnées pour la garantie du payement des droits sur les Sucres.

Le présent registre, contenant feuillets, celui-ci compris, a été coté et parafé, à chacun desdits feuillets, par nous soussigné, juge de paix du canton d , pour servir à l'inscription des soumissions cautionnées qui seront reçues au bureau des Contributions indirectes d , en garantie du payement des droits sur les sucres.

A , le mil neuf cent

INSTRUCTION.

1. Ce registre contient les soumissions que les redevables ont à souscrire entre les mains du receveur principal :

A. — Pour être autorisés à enlever des fabriques ou des entrepôts, sans payement préalable des droits, les sucres destinés à la consommation ou à l'admission temporaire;

B. — Pour bénéficier des dispositions de l'article 4 de la loi du 28 janvier 1903.

2. Les soumissions doivent être cautionnées *à la convenance* du receveur. Le principal obligé et sa caution doivent avoir leur domicile dans l'arrondissement. Si l'un ou l'autre n'y réside pas, il sera exigé une seconde caution remplissant la condition de domicile dans l'arrondissement.

3. Lorsque les soumissions ont été souscrites, le receveur indique directement par écrit au chef du service de la fabrique ou de l'entrepôt les quantités de sucre qui peuvent être enlevées sans payement préalable des droits, le montant des droits dont le payement peut être ajourné (lettre commune n° 35, du 4 mai 1892) et le délai pendant lequel ces enlèvements sont autorisés (*le mois, l'année, etc.*, selon les termes de la soumission). Les mêmes indications sont données au receveur ambulant ou sédentaire auquel la fabrique ou l'entrepôt ressortit, pour qu'il puisse s'assurer que les enlèvements n'ont eu lieu que dans les limites déterminées par le receveur principal.

4. Les droits applicables aux sucres livrés aux redevables, en vertu des soumissions cautionnées, doivent être acquittés dans les dix jours de l'enlèvement, lorsqu'il s'agit de sucres sortis des entrepôts ou des fabriques dépendant d'une recette sédentaire, et à la première tournée du receveur, en ce qui concerne les quantités sorties des fabriques comprises dans la circonscription d'une recette ambulante.

A défaut de payement, les redevables et leurs cautions sont poursuivis par voie de contrainte et même par corps. (Art. 11 de la loi du 17 avril 1832.)

5. Toute rature, toute surcharge devra être approuvée tant par les principaux obligés que par les cautions. Responsable de l'authenticité des signatures des principaux obligés et de leurs cautions, le receveur principal doit les faire apposer en sa présence ou prendre les garanties nécessaires pour suppléer à cette formalité.

6. Il n'y aura qu'une seule série de numéros d'enregistrement pour les soumissions reçues chaque année. Par conséquent, lorsqu'un registre se trouvera rempli, on continuera au registre nouveau la série commencée.

7. Les déclarations relatives au cautionnement général des acquits-à-caution ne sont pas inscrites au présent registre. Elles sont reçues au registre spécial n° 52 D. (Circulaire n° 352, du 20 octobre 1882.)

Feuillet.

NUMÉRO D'ORDRE :

NOM
DU SOUMISSIONNAIRE :

NOM
DE LA CAUTION :

SOUMISSION

DE PAYEMENT DE DROITS SUR LES SUCRES.

Je soussigné (1)

demeurant à (2)
m'oblige envers le Receveur principal des contributions indirectes d à régler, à sa première réquisition, et à quelque époque qu'elle soit faite, le montant des droits afférents :

A. — Aux sucres que j'aurai déclarés pour la consommation ou placés sous le régime de l'admission temporaire à partir du 190 , et jusqu'au 190 . Ce règlement sera effectué soit en numéraire, soit, si ledit receveur l'accepte, en effets à terme remplissant les conditions voulues par le règlement du 1er septembre 1852 et la loi du 15 février 1875, ou en obligations d'admission temporaire conformément aux lois des 7 mai 1864 (art. 5) et 8 juillet 1865 (art. 27).

B. (Pour les établissements visés à l'article 4 de la loi du 28 janvier 1903.) — Aux sucres introduits dans mon établissement, dans le cas où ces droits deviendraient exigibles ; le règlement en sera effectué en numéraire.

Et moi (1)

demeurant à (2)
également soussigné, après avoir pris connaissance de la soumission ci-dessus, je déclare me rendre solidaire (3) engagements qu'elle contient.

A le 190 .

(1) Nom et profession.

(2) Domicile.

(3) Des deux engagements, *ou* du premier ou du second des deux engagements.

N° 516.
Sucres n° 26. — Titre.
(Avril 1903.)

DIRECTION GÉNÉRALE DES CONTRIBUTIONS INDIRECTES.

DÉPARTEMENT

d

DIRECTION

d

RECETTE

d

(1)

d

(1) Fabrique ou Entrepôt.

SUCRES.

N° 26.

EXERCICE 190 .

BULLETINS D'AVERTISSEMENT

POUR

LES DROITS DUS SUR LES SUCRES.

Le présent cahier, contenant feuillets, celui-ci compris, a été coté et paraphé par le , soussigné. (*Voir l'Instruction d'autre part.*)

A , le 190 .

INSTRUCTION.

1. Les contrôleurs dans les entrepôts et les chefs de service dans les fabriques adresseront au receveur, auquel ressortit l'entrepôt ou la fabrique, l'ampliation du présent registre mentionnant les quantités passibles des droits ou placées sous le régime de l'admission temporaire. Cet envoi aura lieu immédiatement après la vérification s'il s'agit de sucres déclarés pour l'admission temporaire ou pour la consommation, et, à l'égard des manquants, le jour même où ils seront constatés.

2. Aucune quantité de sucre ne peut être enlevée des entrepôts ou des fabriques qu'après payement des droits, ou sous garantie suffisante de leur acquittement.

Le receveur principal détermine les quantités que les redevables peuvent être autorisés à enlever sans payement préalable des droits. Lorsque ce crédit est épuisé, ou qu'il n'en a pas été accordé, aucune sortie ne peut avoir lieu que sur la justification que les droits ont été acquittés ou garantis. Les contrôleurs et les chefs de service sont personnellement responsables de toute expédition qui aurait lieu à d'autres conditions.

3. Il sera fait usage de deux registres affectés, l'un aux quantités déclarées pour la consommation ou constatées en manquants, l'autre aux quantités placées sous le régime de l'admission temporaire. On adoptera pour le premier la série des numéros pairs, et pour le second la série des numéros impairs. Ces deux séries seront suivies sans interruption pendant toute la durée de l'exercice.

4. Le bulletin d'avis transmis au comptable se divise en deux parties : le décompte des droits, lequel reste entre les mains du receveur, et le récépissé de ce décompte. A mesure que les bulletins lui parviennent, le receveur inscrit sur le compte ouvert la somme due par le redevable, s'il s'agit de sucres sortis pour la consommation ou constatés en manquants. Si ces bulletins concernent des sucres déclarés pour l'admission temporaire, il fait des démarches nécessaires pour faire souscrire l'obligation par le redevable et par sa caution. Dans l'un comme dans l'autre cas, il remplit le récépissé et le renvoie immédiatement au contrôleur ou au chef de service. Celui-ci annexe, pour sa justification, le récépissé au talon du présent registre.

Les bulletins d'avis indiquent, selon qu'il y a lieu, que l'expédition a été imputée sur le crédit d'*enlèvement* accordé au redevable, ou que les droits doivent être liquidés immédiatement. Dans ce cas, le récépissé mentionne le numéro de la quittance délivrée, ou stipule que les sucres ont été compris dans une obligation d'admission temporaire.

5. Les inspecteurs et les contrôleurs, dans le cours de leurs tournées, s'assureront que les quantités portées auxdits registres concordent avec celles qui sont inscrites en sortie, soit au portatif général n° 7, soit au registre n° 35.

N° 516. — Sucres, n° 26. — (Avril 1903.)

Feuillet.

N° du présent registre.

N° de l'acquit-à-caution.

	SUCRES EN POUDRE.				
	Quantités effectives.	Quantités évaluées en raffinés à 25f.			
Report.....					
À reporter..					

	MÉLASSES.		Raffinés à 25f.	Sucres candis à 26f 75.	Glucoses à 5f 60.
	Quantités effectives.	Sucre raffiné y contenu à 25f.			
Report.....					
À reporter..					

Date de l'enlèvement ou de la constatation des manquants :

Le 190 .

A , le 190 .

SERVICE DES SUCRES.

N° du présent.

N° de l'acquit-à-caution.

F° du portatif général.

DÉCOMPTE DES DROITS DUS SUR LES SUCRES.

RECETTE d

(1) d

(1) Fabrique ou entrepôt.

M. doit à l'Administration des Contributions indirectes la somme de pour droits sur kil. de livrés à la consommation, ou constatés en manquants, suivant le décompte ci-après :

ou

M a déclaré placer sous le régime de l'admission temporaire kil. de sucres bruts de la campagne représentant kil. de sucre raffiné suivant le détail ci-après :

MÉLASSES.		SUCRES EN POUDRE.		Raffinés à 25f.	Sucres candis à 26f 75.	Glucoses à 5f 60.
Quantités effectives.	Sucre raffiné y contenu à 25f.	Quantités effectives.	Quantités évaluées en raffinés à 25f.			

ÉVALUATION DES SUCRES EN POUDRE EN SUCRE RAFFINÉ.

Quantités effectives................

Titrage net....................

Produit de la multiplication des quantités par le titrage divisé par 100........................

Déduction à raison de 1 1/2 p. 100 du titrage net....................

Quantités exprimées en raffinés.

Date de l'enlèvement ou de la constatation des manquants :

190 .

DÉCOMPTE DES DROITS.

kil. à 25 fr. 00 c. =

kil. à 26 fr. 75 c. =

kil. à 5 fr. 60 c. =

kil. à 2 fr. 00 c. =

Les quantités ci-dessus (3)

A , le 190 .

Le Chef de service,

(2) Ont été imputées sur le crédit d'enlèvement ouvert au redevable, le

Ou ne sortiront de la fabrique ou de l'entrepôt qu'après justification du payement des droits.

N° du présent.

N° de l'acquit-à-caution.

RECETTE d

(1) d

(1) Fabrique ou entrepôt.

RÉCÉPISSÉ DE DÉCOMPTE DES DROITS DUS SUR LES SUCRES

INSCRIPTION AU COMPTE OUVERT.

M. inscrit au compte ouvert n° 75, f° , pour les quantités ci-après :

Sucre raffiné contenu dans les mélasses livrées à la consommation.	Sucres en poudre, (Quantités exprimées en raffinés.)	Raffinés.	Candis.	Glucoses

Les droits sur ces quantités s'élevant à

(2)

Les quantités ci-dessus (3) comprises dans obligation temporaire.

A , le 190 .

Le Receveur,

(2) Ont été acquittés suivant quittance n° du ou seront acquittés ultérieurement.

(3) Ont été ou seront.

N° du présent registre (1).

N° de l'acquit-à-caution.

ÉVALUATION DES SUCRES EN POUDRE EN SUCRE RAFFINÉ :

Quantités effectives ....

Titrage net..............................

Produit de la multiplication des quantités par le titrage divisé par 100..............................

Déduction à raison de 1 1/2 p. 100 du titrage net....

Quantités exprimées en raffinés..............................

DÉCOMPTE DES DROITS.

kil. à 25 fr. 00 c. =

kil. à 26 fr. 75 c. =

kil. à 5 fr. 60 c. =

kil. à 2 fr. 00 c. =

(1) Rappel des numéros portés à la souche ci-contre.

DIRECTION
d
—
INSPECTION
d

(1) Fabrique ou entrepôt.
(2) Indiquer le trimestre dans lequel le mois est compris (1er, 2e, etc.).
(3) Sédentaire ou ambulante.

DIRECTION GÉNÉRALE
DES CONTRIBUTIONS INDIRECTES.

(1) d

(2) TRIMESTRE 1 .

Relevé des quantités de sucre (4)
pendant le mois d

N° 526.
Sucres, n° 32.
(Avril 1903.)

RECETTE PRINCIPALE
d
—
RECETTE (3)
d

(4) Sorties pour la consommation ou placées sous le régime de l'admission temporaire, ou constatées comme manquants imposables.

SÉRIE DES NUMÉROS DES BULLETINS D'AVERTISSEMENT. (20. — Sucres.)		MÉLASSES	SUCRES EN POUDRE ET RAFFINÉS. (QUANTITÉS ÉVALUÉES EN RAFFINÉ.)							SUCRES CANDIS	GLUCOSES		MONTANT des DROITS.		OBSERVATIONS.
Numéro du 1er bulletin du mois. 1	Numéro du dernier bulletin du mois. 2	à 25 francs. 3	imposables à 25 fr. 4	5	6	7	8	9	10	à 26 fr. 75. 11	à 5 fr. 60. 12	à 11 fr. 20. 13	14		15
			kilogr.	kilogr.	kilogr.	kilogr.	kilogr.	kilogr.	kilogr.	kilogr.	kilogr.	kilogr.	fr.	c.	
Mois d															
Mois antérieurs du trimestre															
Total pour le trimestre.....															
Trimestres antérieurs................															
Total depuis le commencement de l'année...............															

Nota. — La vérification des perceptions effectuées sur les sucres rentre dans les attributions des *directeurs ou sous-directeurs*. Le relevé n° 32 a été créé pour servir à cette vérification.

Il est établi chaque mois deux relevés distincts présentant : l'un les quantités sorties pour la consommation ou constatées en manquants ; l'autre, les quantités placées sous le régime de l'admission temporaire.

Chacun de ces relevés est établi en deux expéditions dont l'une est transmise à l'inspecteur spécial du service des sucres, s'il en existe un dans la division ; dans le cas contraire, elle est transmise au directeur ou au sous-directeur. La seconde expédition est adressée au receveur particulier de la circonscription. (Art. 206 de l'Instruction du 15 décembre 1853.)

A , le 190 .

Vu et certifié :
Le Contrôleur,

Vu :
L'Inspecteur,

N°
du bulletin
d'avertissement.

N°
de l'acquit-à-caution.

DIRECTION GÉNÉRALE
DES
CONTRIBUTIONS INDIRECTES.

(1)
d

N° 527.
SUCRES, N° 33.
(Avril 1903.)

DIRECTION
d

RECETTE
PARTICULIÈRE
d

EXTRAIT DU BULLETIN D'AVERTISSEMENT

pour droits dus par M

à

A la date de ce jour, et sous le numéro rappelé ci-dessus, il a été adressé un bulletin d'avertissement au receveur de la circonscription, au sujet des droits dus sur les sucres de la campagne livrés à la consommation, et dont le manquant a été constaté d'après le décompte ci-après :

MÉLASSES.		SUCRES EN POUDRE.		RAFFI-NÉS à 25 fr. 00.	CANDIS à 26 fr. 75.	GLU-COSES à 5 fr. 60.
QUANTITÉS effectives.	SUCRE raffiné y contenu à 25 fr. 00.	QUANTITÉS effectives.	Quantités évaluées en raffinés à 25 fr. 00.			
	kilogr.	kilogr.	kilogr.	kilogr.	kilogr.	kilogr.

ÉVALUATION DES SUCRES EN POUDRE EN SUCRE RAFFINÉ.

Quantités effectives. . . . .
Titrage net. . . . .

Produit de la multiplication des quantités par le titrage divisé par 100. . . . .
Déduction à raison de 1 1/2 p. 0/0 du titrage net. . . . .

Quantités exprimées en raffinés.

Date de l'enlèvement ou de la constatation des manquants :

190 .

DÉCOMPTE DES DROITS :

Kil. à 25 fr. 00 c. =
Kil. à 26 fr. 75 c. =
Kil. à 5 fr. 60 c. =
Kil. à 2 fr. 00 c. =

Laquelle quantité (2)

A , le 190 .

Le Chef de service,

(1) Fabrique ou entrepôt.
(2) A été imputée sur le crédit d'enlèvement ouvert au redevable, le . . . . .
Ou ne sortira de la fabrique (*ou* de l'entrepôt) qu'après justification du payement des droits.

CONTRIBUTIONS INDIRECTES.

DIRECTION
d

(1)
d

N°
du bulletin d'avertissement.

N°
de l'acquit-à-caution.

RÉCÉPISSÉ

D'EXTRAIT DE BULLETIN D'AVERTISSEMENT

pour droits dus sur les sucres de la campagne
par M
à

QUANTITÉ IMPOSABLE.	TARIF.	MONTANT des DROITS.	
kilogr.		fr.	c.

A
le 190 .

Le Directeur,

(1) Fabrique ou entrepôts.

N° 531.

NUMÉRO DU DÉPARTEMENT.

2e DIVISION.

2e BUREAU.

SUCRE INDIGÈNE.

CAMPAGNE 190 -190 .

MOIS d 190 .

DIRECTION GÉNÉRALE DES CONTRIBUTIONS INDIRECTES.

SUCRES, N° 37. (Avril 1903.)

DÉPARTEMENT d

ENTREPÔT RÉEL DES SUCRES INDIGÈNES à

SITUATION MENSUELLE de l'entrepôt réel des sucres indigènes à présentant les totaux des registres depuis le commencement de la campagne 190 -190 jusqu'à la fin du mois d 190 .

RELEVÉ DES EXCÉDENTS ET DES MANQUANTS RECONNUS À L'ARRIVÉE.

	NOMBRE			QUANTITÉS ÉNONCÉES AUX EXPÉDITIONS.	QUANTITÉS RECONNUES.	EXCÉDENTS.	MANQUANTS.
	de DÉCLARATIONS.	de SACS.	de BARRIQUES.				
				kil.	kil.	kil.	kil.
Mois courant......							
Mois antérieurs...							
TOTAUX...							

SITUATION DE L'ENTREPÔT.

	QUANTITÉS NETTES PAR ESPÈCE.									
	SUCRES EN POUDRE.				RAFFINÉS.	CANDIS.		GLUCOSES.	TOTAL des QUANTITÉS exprimées en sucre raffiné.	PÉRIODE CORRESPONDANTE (QUANTITÉS TOTALES exprimées en raffiné).
	Quantités effectives.	Produit de la multiplication des quantités par le titrage divisé par 100.	Quantités représentant la déduction de 1 1/2 p. 100 du titrage net.	Quantités exprimées en sucre raffiné.		Quantités effectives.	Quantités exprimées en sucre raffiné.			
CHARGES.	1	2	3	4	5	6	7	8	9	10
	kil.	kil.	kil.	kil.	kil.	kil.	kil.	kil.	kil.	kil.
Reprises au commencement de la campagne										
Quantités reconnues à l'arrivée. Quantités reçues directement des fabriques ou des entrepôts en suspension du payement des droits										
Quantités reconnues à l'arrivée. Quantités entreposées à la décharge des comptes d'admission temporaire										
Boni de magasin										
TOTAL des charges										
Quantités expédiées. À la consommation avec payement du droit										
Quantités expédiées. En suspension du payement du droit pour toutes destinations										
Quantités expédiées. Pour l'admission temporaire										
Quantités expédiées. Décharge pour cause d'avaries										
Quantités expédiées. Déchets de magasin										
TOTAL des décharges										
RESTE en entrepôt										

DÉCOMPTE DU DROIT.

	MOIS COURANT.		MOIS ANTÉRIEURS.		TOTAL.	
Sorties de l'entrepôt à imposer	kil.		kil.		kil.	
Droit	fr.	c.	fr.	c.	fr.	c.
TOTAL						
Recouvrements effectués tant en numéraire qu'en obligations définitives						
RESTE à recouvrer						

Certifié conforme aux registres d'entrée, de sortie et de comptes ouverts aux déposants, par le Contrôleur soussigné.

A , le 190 .

NOTA. — Cet état doit être épinglé au relevé 43 du mois. *Vu par le Directeur :*

N° du département :

2e DIVISION.

2e BUREAU.

SUCRE INDIGÈNE.

CAMPAGNE 190 -190 .

MOIS

d .

DIRECTION GÉNÉRALE DES CONTRIBUTIONS INDIRECTES.

N° 532.

SUCRES, n° 38.

(Avril 1903.)

DIRECTION d

DESTINATION DÉFINITIVE donnée aux sucres expédiés des fabriques et des entrepôts en suspension du payement des droits.

	QUANTITÉS DE SUCRES exprimées en sucre raffiné énoncées aux acquits-à-caution 9 A déchargés. (Expédition en suspension du payement des droits.)	DESTINATION DÉFINITIVE DONNÉE AUX SUCRES. QUANTITÉS NETTES DE SUCRE EXPRIMÉES EN SUCRE RAFFINÉ.									
		Soumises au droit.	Déclarées pour l'admission temporaire.	Introduites en suspension du payement des droits.			Expédiés par cabotage et sous le lien d'acquits de douane sur les ports de l'Atlantique ou de la Méditerranée.	Exportées en suspension du payement du droit (1).	Pertes matérielles constatées en cours de transport.	TOTAL des colonnes 2 à 9.	
				dans les fabriques.	Dans les entrepôts des contributions indirectes.	Dans les établissements fabriquant des produits sucrés en vue de l'exportation (art. 4 de la loi du 28 janvier 1903.)					
	1	2	3	4	5	6	7	8	9	10	11
	kilogr.	kilogr.	kilogr.	kilogr.	kilogr.	kilogr.	kilogr.	kilogr.	kilogr.	kilogr.	kilogr.
Mois courant.....											
Mois antérieurs...											
TOTAUX......											

(1) Les mentions consignées au dos des acquits-à-caution par le Service des Douanes indiquent si les quantités ont été exportées ou si elles ont été expédiées dans les ports, par cabotage, sous le lien de nouveaux acquits (Douanes).

CERTIFIÉ par le soussigné.

A , le 190 .

NOTA. — Cet état doit être joint aux relevés 37 et 43 du mois.

Nº 552.

Nº du département

DIRECTION GÉNÉRALE

DES CONTRIBUTIONS INDIRECTES

SUCRES INDIGÈNES.

Campagne 19.. - 190..

Mois

Direction d

(1) Les mentions énoncées en dos des quantités ... indiquent si les quantités ont été expédiées ou si elles ont été expédiées ... ports, par cabotage, sous le lien de nouveaux acquits (...)

Nota. — Cet état doit être joint aux relevés 37 et 42 du ...

N° DU DÉPARTEMENT :

DÉPARTEMENT

d

DIRECTION

d

CONTRIBUTIONS INDIRECTES.

N° 537.

SUCRES, n° 41.
(Mai 1903.)

2e DIVISION.

2e BUREAU.

RENSEIGNEMENTS

sur les sacres et les glucoses livrés à la consommation et soumis aux droits, du 1er janvier 190 à la fin du mois d de la même année,

A. — SUCRES.

Renseignements sur les sucres livrés à la consommation et soumis aux droits.

ESPÈCE DES SUCRES. 1	QUANTITÉS soumises AU DROIT (1). (Poids en raffiné) 2	DROITS CONSTATÉS (à 25 francs). 3	
	kilogr.	francs.	cent.
Sucres bruts			
Raffinés			
Candis			
Mélasses			
TOTAUX			
Sucres ayant acquitté la taxe à la décharge des comptes d'admission temporaire. 1° Quantités acquittées après avoir donné lieu à la délivrance de certificats n° 7 d'entrée en entrepôt			
2° Quantités acquittées directement à l'échéance d'obligations d'admission temporaire (2)			
Sucres contenus dans les vermouts et les savons transparents importés.			
TOTAUX GÉNÉRAUX			

(1) Non compris { 1° Les quantités acquittées à la sortie des entrepôts après avoir donné lieu à la délivrance de certificats n° 7 ; 2° Les quantités acquittées directement à l'échéance des obligations d'admission temporaire.

(2) Non compris les quantités acquittées pendant l'année courante à la décharge d'obligations souscrites dans le cours de l'exercice précédent.

Envoi par le Directeur à l'Administration, le n°

L'état 41 mensuel doit parvenir dans les bureaux de l'Administration le 8 de chaque mois, au plus tard. Le relevé prescrit par la L. aut. n° 13099 du 2 septembre 1898 doit être annexé à cet état.

L'état 41 annuel doit parvenir dans les bureaux de l'Administration le 1er avril, au plus tard. Il doit être appuyé d'un état annexe (Note aut. du 2 mars 1900, n° 2436).

(*Voir d'autre part.*)

A bis. — SUCRES.

Taxe de raffinage.

QUANTITÉS EXPRIMÉES en raffiné soumises à la taxe.	DROITS CONSTATÉS.	
kilog.	fr.	c.

B. — SUCRES. (Suite.)

	fr.	c.
Droits constatés.............		
Droits perçus...............		
Reste à recouvrer...		

C. — GLUCOSES ET AMIDINES.

		kilogr.
Quantité de glucoses soumises aux droits...	simples.............	
	doubles.............	
Quantités d'amidines introduites en glucoserie.	Amidine sèche (4 francs par 100 kilogrammes).	
	Amidine verte (4 francs par 150 kilogrammes).	
Droits constatés.....................		
Droits perçus........................		
Reste à recouvrer..........		

OBSERVATIONS.

Droits constatés : Sucres et glucoses....

Sommes perçues depuis le commencement de l'exercice, d'après le 91 B de (1) —

Restes à recouvrer (2).......

(1) Mois pour lequel l'état est fourni, ou les 91 B de décembre et de mars, s'il s'agit de l'état 41 annuel.

(2) Indiquer sommairement : 1° la cause des restes à recouvrer; 2° l'importance des sommes restant à encaisser à la date de la production du présent relevé.

Certifié exact par le soussigné.

A , le , 190 .

N° DU DÉPARTEMENT :

2e DIVISION.

2e BUREAU.

SUCRE INDIGÈNE.

Campagne 190 -190 .

Mois d 190 .

N° 538. — Sucres, n° 42 A. (Titre.) [Mai 1903.]

DIRECTION GÉNÉRALE

DES CONTRIBUTIONS INDIRECTES.

DIRECTION d

Relevé présentant, pour les fabriques de la division d , la situation du compte général de la fabrication depuis le commencement de la campagne jusqu'à la fin du mois d 190 .

Nombre de fabriques qui n'ont pas travaillé ou qui n'ont travaillé que des sucres provenant de reprises ou d'entrées		
Nombre de fabriques dans lesquelles les travaux de défécation	sont en cours d'activité	
	sont terminés	

(1) Ces produits doivent être évalués aussi exactement que possible.

N° 538. — Sucres, n° 42 A. (Suite.) (Mai 1903.)

SITUATION DES FABRIQUES		DÉNOMINATIONS DES FABRIQUES [illegible] (Raison sociale, etc.)	NOMS des fabricants	VOLUME [illegible]	DENSITÉ [illegible]	NOMBRE de [illegible]	CHARGES EXPRIMÉES EN SUCRE RAFFINÉ*										DÉCHARGES EXPRIMÉES EN SUCRE RAFFINÉ, AFFÉRENTES AUX CHARGES*											RESTES EN FABRIQUE		[illegible]
							EXISTENCES			ENTRÉES				[illegible]	[illegible]	TOTAL	EXPÉDIÉS						[illegible]	[illegible]	[illegible]					
Communes.	Arrondissements.						Imposables [illegible]	placées sous le régime de l'admission temporaire.	[illegible] de tout impôt.	Imposables.	placées sous le régime de l'admission temporaire.	[illegible]	[illegible]	[illegible]	[illegible]	[illegible]	Quantités expédiées à la consommation: Sucres raffinés [illegible]	Sucres contenus dans les [illegible]	Quantités expédiées en suspension du payement des droits.	Sucres des [illegible] expédiés: aux autres fabriques [illegible]	aux distilleries ou à l'étranger [illegible]	pour être affectés aux usages agricoles [illegible]	Pertes matérielles et autres décharges.	[illegible] sous le régime de l'admission temporaire.	Sucres [illegible]	Autres [illegible] dans les [illegible]	TOTAUX.	Sucres achevés.	Produits en cours de fabrication (1).	[illegible]
1	2	3	4	5	[illegible]	[illegible]	6	7	8	9	10	11	12	13	14	15	16	17	18	19	20	21	22	23	24	25	26	27	28	29
							kilogr.	kilogr.	kilogr.	kilogr.	kilogr.	kilogr.	kilogr.	kilogr.	kilogr.	kilogr.	kilogr.	kilogr.	kilogr.	kilogr.	kilogr.	kilogr.	kilogr.	kilogr.	kilogr.	kilogr.	kilogr.	kilogr.	kilogr.	kilogr.
[illegible]																														

* [illegible]

CERTIFIÉ le 190

Le Directeur,

NUMÉRO DU DÉPARTEMENT :

2e DIVISION.

2e BUREAU.

SUCRE INDIGÈNE

CAMPAGNE de 190 -190 .

MOIS d 190 .

N° 539.

SUCRES, n° 42 B.
Titre.
(Mai 1903.)

DIRECTION GÉNÉRALE
DES CONTRIBUTIONS INDIRECTES.

DIRECTION d

RELEVÉ présentant, pour les fabriques de la direction d le développement, par espèce, des décharges, depuis le commencement de la campagne jusqu'à la fin du mois d 190 .

NOMS DES FABRICANTS.	SUCRES BRUTS TITRANT moins de 98°.	98°.	99° et au-dessus.	TOTAL.	QUANTITÉS EXPRIMÉES en sucre raffiné.	RAFFINÉS.	CANDIS. Quantités effectives.	CANDIS. Quantités évaluées en raffiné.
1	2	3	4	5	6	7	8	9
	kilog.	kilog.	kilog.	kilog.	kilog.	kilog.	kilog.	kilog.
A reporter...								

N° 539. — Sucres, n° 42 B. — Interc. (Mai 1903.)

TOTAL GÉNÉRAL des QUANTITÉS DE SUCRE. Quantités effectives.	Quantités exprimées en sucre raffiné.	MÉLASSES pour la consommation, avec décharge de 5 p. o/o.	À destination des fabriques ou des établissements spéciaux, avec décharge de 30 p. o/o.	À destination des distilleries, avec décharge de 5 p. o/o.	Affectées à des usages agricoles, avec décharge de 5 p. o/o.	Total des quantités effectives.	Total des quantités évaluées en sucre raffiné.	PERTES matérielles et autres décharges.	TOTAL GÉNÉRAL des décharges exprimées en sucre raffiné.
10	11	12	13	14	15	16	17	18	19
kilog.	kilog.	kilog.	kilog.	kilog.	kilog.	kilog.	kilog.	kilog.	kilog.

RENSEIGNEMENTS COMPLÉMENTAIRES

sur le mouvement des mélasses.

DÉSIGNATION DES ÉTABLISSEMENTS EXPÉDITEURS.		QUANTITÉS DE MÉLASSES expédiées de fabrique à fabrique.	QUANTITÉS DE MÉLASSES EXPÉDIÉES DES SUCRATERIES		TOTAL.
Fabriques.	Sucrateries.		à la consommation.	sur les distilleries.	
	TOTAL.......				

CERTIFIÉ à , le 190 .

Le Directeur,

DIRECTION GÉNÉRALE

DES

CONTRIBUTIONS INDIRECTES.

CAMPAGNE 190 -190 .

ANNEXES À LA CIRC. N° 532, DU 20 JUILLET 1903.

DIRECTION GÉNÉRALE DES CONTRIBUTIONS INDIRECTES.

CAMPAGNE 190 -190 .

BLEAU *présentant : 1° au 190 , l'importance des quantités de jus soumis à la défécation depuis le 1er septembre 190 , le rendement les jus en sucres et en mélasses; 2° le relevé général des comptes tenus dans des fabriques de glucoses pendant les mois de la campagne 190 -190 .*

VOLUME DES JUS SOUMIS À LA DÉFÉCATION ET RENDEMENT DES JUS EN SUCRES ET EN MÉLASSES.

PARTEMENTS.	NOMBRE DE FABRIQUES		NOMBRE de jours de râpage depuis le commencement de la campagne.	VOLUME des jus soumis à la défécation.	DENSITÉ moyenne des jus.	NOMBRE de degrés-hectolitres.	CHARGES correspondant au rendement légal.	MASSE CUITE DE PREMIER JET.		
	qui n'ont pas travaillé ou qui n'ont travaillé que des sucres provenant de reprises ou d'entrées.	dans lesquelles les travaux de défécation						Volume total des quantités		Sucre extrait exprimé en raffiné.
		sont en cours d'activité. / sont terminés.						obtenues.	turbinées.	
1	2	3 / 4	5	6	6 *bis*	6 *ter*	7	8	9	10
								hectol.	hectol.	kilog.
Totaux...										
Résultats de l'époque correspondante de ...										
Augmentation.										
Diminution ..										

PARTEMENTS.	MASSE CUITE DE DEUXIÈME JET.			MASSE CUITE D'AUTRES JETS.			TOTAL des quantités de sucre extraites des turbines (col. 10, 13 et 16).	RENDEMENT en sucre raffiné par hectolitre de jus.	QUOTITÉ du rendement par degré de densité.	MÉLASSES ÉPUISÉES, en kilogrammes, obtenues pendant la campagne, abstraction faite des reprises et des entrées. — Poids total.	QUOTITÉ du rendement en mélasses par hectolitre de jus et par degré de densité.
	Volume total des quantités		Sucre extrait exprimé en raffiné.	Volume total des quantités		Sucre extrait exprimé en raffiné.					
	obtenues.	turbinées.		obtenues.	turbinées.						
1	11	12	13	14	15	16	17	18	19	20	21
	hectol.	hectol.	kilog.	hectol.	hectol.	kilog.	kilog.			kilog.	
Totaux...											
Résultats de l'époque correspondante de ...											
Augmentation.											
Diminution ..											

GLUCOSES.

Relevé général des comptes tenus dans les fabriques de glucoses pendant les mois de la campagne

CAMPAGNE.	MOIS.	NOMBRE de FABRIQUES	IMPORTANCE de la PRODUCTION	SORTIES DES FABRIQUES À DESTINATION de la consommation.	de l'exportation.	des entrepôts ou des dépôts autorisés.	des brasseurs pour être employées en franchise à la fabrication de la bière.	Total des quantités expédiées.
1	2	3	4	5	6	7	8	9
			kilog.	kilog.	kilog.	kilog.	kilog.	kilog.
	TOTAUX...							

N° du département :

2e DIVISION.

2e BUREAU.

SUCRE INDIGÈNE.

CAMPAGNE 19 —19 .

SITUATION AU 15 19 .

* Inspection ou direction.

DIRECTION GÉNÉRALE

DES CONTRIBUTIONS INDIRECTES.

N° 540.

SUCRES, N° 42 C. TITRE

Mai 1903.

DIRECTION d

RELEVÉ présentant pour les fabriques de l'
le rendement des jus de betteraves et des sirops, depuis le commencement de la campagne 190 —190 , jusqu'à la fin de la 1re quinzaine du mois d 190 .

EXPLICATION DES CHANGEMENTS APPORTÉS aux résultats acquis des mois précédents.

Désignation des colonnes.	Chiffre ancien.	Chiffre nouveau.	Différence.	Motif de la rectification.

NOTA. — Voir l'instruction à la 4e page de la feuille de titre.

Cet état doit parvenir à l'Administration au plus tard le 20 de chaque mois.

N° 540. [illegible]

COMMUNES où sont situées les fabriques.	DÉNOMINATION des fabriques [illegible] (raison sociale, firme, etc.)	NOMS des fabricants.	NOMBRE DE FABRIQUES qui n'ont pas travaillé [illegible]	[illegible] sont en cours [illegible]	[illegible] sont terminées.	NOMBRE de jours de râpage depuis le commencement de la campagne.	VOLUME des jus soumis à la défécation.		DENSITÉ moyenne des jus soumis à la défécation.	NOMBRE de [illegible] représenté par les jus soumis à la défécation. (Col. 8 × col. 9.)		CHARGES correspondantes en [illegible] (Col. [illegible] à [illegible])
1	2	3	4	5	6	7	8		9	10		11
							hectol.	lit.		h. k.	d.	kil.
	Totaux et moyennes.											

PREMIER JET. Masse cuite, en hectolitres. Obtenues. Volume total.	[illegible]	Sucre extrait, en kilogrammes. Quantités effectives.	Quantités exprimées en raffiné.	Rendement en sucre raffiné par hectolitre de jus et par degré de densité.	DEUXIÈME JET. Masse cuite, en hectolitres. Obtenues. Volume total.	[illegible]	Sucre extrait, en kilogrammes. Quantités effectives.	Quantités exprimées en raffiné.	Rendement en sucre raffiné par hectolitre de jus et par degré de densité.	AUTRES JETS. Masses cuites, en hectolitres. Obtenues. Volume total.	[illegible]	Sucre extrait, en kilogrammes. Quantités effectives.	Quantités exprimées en raffiné.	Rendement en sucre raffiné par hectolitre de jus et par degré de densité.
12	13	14	15	16	17	18	19	20	21	22	23	24	25	26
hectol.	hectol.	kil.	kil.	k. d.	hectol.	hectol.	kil.	kil.	k. d.	hectol.	hectol.	kil.	kil.	k. d.

QUANTITÉS totales de sucres obtenues. Quantités effectives. (Total des colonnes 14, 19 et 24.)	Quantités exprimées en raffiné. (Total des colonnes 15, 20 et 25.)	RENDEMENT en sucre raffiné [illegible] hectolitre de jus.	QUOTITÉ de [illegible] par degré de densité des jus.	MÉLASSES [illegible] en kilogrammes obtenues pendant la campagne [illegible] Poids total.	QUOTITÉ de [illegible] en mélasses par hectolitre de jus et par degré de densité [illegible]	PRÉVISIONS [illegible] Volume des jus [illegible] restant à travailler.	Rendement [illegible] par hectolitre de jus et par degré de densité.	Produits présumés de la fabrication [illegible]	MAIN-D'ŒUVRE. — Nombre d'ouvriers [illegible]	POIDS des [illegible]	PRIX moyen des [illegible]
27	28	29	30	31	32	33	34	35	36	37	38
kil.	kil.	k. d.		kil.	k. d.	hectol.	k. d.	kil.			fr. c.

INSTRUCTION.

Pour établir les divers rendements demandés d'autre part, on procédera de la manière suivante :

Colonne 16. Rendement en sucre raffiné par hectolitre de jus :

$$\frac{\text{Col. } 15 \times 100}{\text{Col. } 8}$$

Colonne 21. Rendement en sucre raffiné, des sirops de deuxième jet par hectolitre de jus :

$$\frac{\text{Col. } 20 \times 100}{\text{Col. } 8}$$

Colonne 26. Rendement en sucre raffiné, des sirops des autres jets par hectolitre de jus :

$$\frac{\text{Col. } 25 \times 100}{\text{Col. } 8}$$

Colonne 29. Rendement en sucre raffiné, par hectolitre de jus

$$\frac{\text{Col. } 28 \times 100}{\text{Col. } 8}$$

Colonne 30. Quotité du rendement par degré de densité des jus :

$$\frac{\text{Col. } 29}{\text{Col. } 9}$$

N° DU DÉPARTEMENT :

2e DIVISION.

2e BUREAU.

SUCRE INDIGÈNE.

Campagne 19 –19 .

MOIS

d 19 .

DIRECTION GÉNÉRALE

DES CONTRIBUTIONS INDIRECTES.

SUCRES N° 43.

DIRECTION d

N° 541.

SUCRES, N° 43.

(Avril 1903.)

RELEVÉ*

présentant, pour les fabriques du département d

la situation du compte général de fabrication et le développement, par espèce, des décharges, depuis le commencement de la campagne jusqu'à la fin du mois d 19 .

* Ce relevé doit être transmis à l'Administration avant *le 8 de chaque mois*, appuyé des états 37, 38, 42 A et B et de l'état de contrôle créé par lettre autographiée du mai 1898, n° 7109.

Envoi à l'Administration,

le 19 , n° .

19 C

N° 541. — Sucres, n° 43. (Avril 1903.)

1er CADRE. — SITUATION DU COMPTE GÉNÉRAL DE FABRICATION DANS LES FABRIQUES.

INSPECTIONS SPÉCIALES et CIRCONSCRIPTIONS	NOMBRE DE FABRIQUES [illegible]	NOMBRE DE FABRIQUES dans lesquelles les travaux de défécation ont commencé	sont terminés	VOLUME des jus ... à la défécation	DENSITÉ moyenne des jus ...	NOMBRE de ... (col. ...)		CHARGES EXPRIMÉES EN SUCRE RAFFINÉ [illegible]		[illegible]			[illegible]	[illegible]	TOTAUX.
1	2	3	4	5	5 bis	5 ter		6	7	8	9	10	11	12	13
				h. [illegible] d. l.	k. [illegible]	[illegible]	d. l.	kilogr.	kilogr.	kilogr.	kilogr.	kilogr.	kilogr.	kilogr.	kilogr.
Totaux															
Total général															
Correspondant de 190 -190															
Augmentation															
Diminution															

INSPECTIONS SPÉCIALES et CIRCONSCRIPTIONS	DÉCHARGES EXPRIMÉES EN SUCRE RAFFINÉ, AFFÉRENTES AUX CHARGES — Quantités expédiées à la consommation. Sucres raffinés [illegible]	Sucres contenus dans les mélasses à 5 p. 100.	Quantités expédiées en suspension du payement du droit.	Sucres des mélasses expédiées sur d'autres fabriques ou sur des ...	sur les distilleries ou à l'étranger à 5 p. 100.	À l'agriculture avec décharge de 5 p. 100.	Pertes matérielles et autres décharges.	[illegible] sous le régime de l'admission temporaire.	[illegible] Sucres raffinés	Sucres contenus dans les mélasses.	TOTAUX.	RESTES EN FABRIQUE — [illegible]	RESTES EN FABRIQUE — Produits en cours de fabrication.
1	14	15	16	17	18	19	20	21	22	23	24	27	28
	kilogr.	kilogr.	kilogr.	kilogr.	kilogr.	kilogr.	kilogr.	kilogr.	kilogr.	kilogr.	kilogr.	kilogr.	kilogr.
Totaux													
Total général													
Correspondant de 190 -190													
Augmentation													
Diminution													

2e CADRE. — DÉVELOPPEMENT DES DÉCHARGES DANS LES FABRIQUES.

INSPECTIONS SPÉCIALES et CIRCONSCRIPTIONS.	SUCRES BRUTS TITRANT moins de [illegible]	[illegible]	98°	TOTAL.	QUANTITÉS converties en sucre raffiné.	RAFFINÉS.	CANDIS. Quantités effectives.	CANDIS. Quantités évaluées en raffiné.
1	2	3	4	5	6	7	8	9
	kilogr.	kilogr.	kilogr.	kilogr.	kilogr.	kilogr.	kilogr.	kilogr.
Totaux								
Total général								
Période correspondante de 190 -190								
Augmentation								
Diminution								

INSPECTIONS SPÉCIALES et CIRCONSCRIPTIONS.	TOTAL GÉNÉRAL DES QUANTITÉS DE SUCRE. Quantités effectives.	TOTAL GÉNÉRAL DES QUANTITÉS DE SUCRE. Quantités exprimées en sucre raffiné.	MÉLASSES pour la consommation avec décharge de 5 p. 100.	à destination des fabriques ou des établissements spéciaux, avec [illegible] de 5 p. 100.	à destination des distilleries, avec décharge de 5 p. 100.	[illegible] à des usages agricoles avec décharge de 5 p. 100.	TOTAL des quantités effectives.	QUANTITÉS évaluées en sucre raffiné.	PERTES matérielles et autres décharges.	TOTAL GÉNÉRAL des décharges exprimées en sucre raffiné.
1	10	11	12	13	14	15	16	17	18	19
	kilogr.	kilogr.	kilogr.	kilogr.	kilogr.	kilogr.	kilogr.	kilogr.	kilogr.	kilogr.
Totaux										
Total général										
Période correspondante de 190 -190										
Augmentation										
Diminution										

RENSEIGNEMENTS COMPLÉMENTAIRES SUR LE MOUVEMENT DES MÉLASSES.

DÉSIGNATION DES ÉTABLISSEMENTS EXPÉDITEURS.		QUANTITÉS DE MÉLASSES expédiées de fabrique à fabrique.	QUANTITÉS DE MÉLASSES EXPÉDIÉES DES SUCRATERIES		TOTAL.
Fabriques.	Sucrateries.		à la consommation.	sur les distilleries.	
	Total......				

EXPLICATION DES CHANGEMENTS

APPORTÉS AUX RÉSULTATS ACQUIS DES MOIS PRÉCÉDENTS.

DÉSIGNATION des COLONNES. 1	CHIFFRE ANCIEN 2	CHIFFRE NOUVEAU. 3	DIFFÉRENCE. 4	MOTIF DE LA RECTIFICATION. 5

Certifié à le 190 .

Le Directeur,

NUMÉRO DU DÉPARTEMENT :

DIRECTION

INSPECTION DES SUCRES OU SOUS-DIRECTION

CONTRÔLE

DIRECTION GÉNÉRALE DES CONTRIBUTIONS INDIRECTES.

SUCRES.

N° 49.

N° 543.

SUCRES, n° 49. (Mai 1903.)

2e DIVISION.

2e BUREAU.

CAMPAGNE 190 -190 .

RENSEIGNEMENTS STATISTIQUES

SUR LES FABRIQUES DE SUCRE.

(EXÉCUTION DE LA LETTRE COMMUNE N° 15 DU 5 JUIN 1882.)

Adressé à l'inspection ou à la sous-direction, le 190 n° .

Transmis à la direction, le 190 n° .

Transmis à l'administration, le 190 n° .

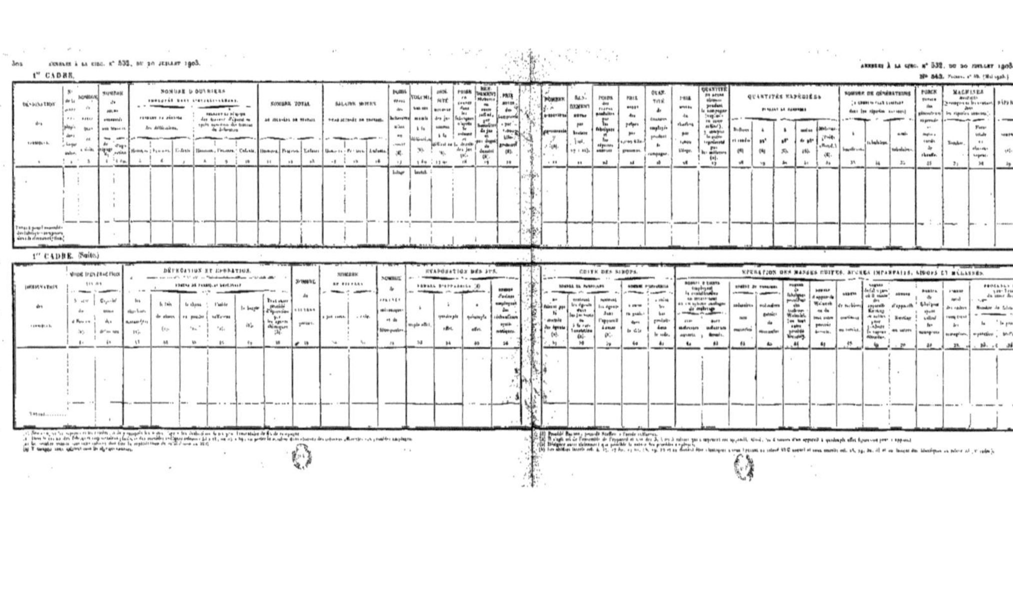

1er CADRE.

DÉSIGNATION des communes.	NOMBRE D'OUVRIERS EMPLOYÉS DANS L'ÉTABLISSEMENT.						NOMBRE TOTAL DE JOURNÉES DE TRAVAIL			SALAIRE MOYEN PAR JOURNÉE DE TRAVAIL		
	Hommes.	Femmes.	Enfants.	Hommes.	Femmes.	Enfants.	Hommes.	Femmes.	Enfants.	Hommes.	Femmes.	Enfants.

1er CADRE. (Suite.)

DÉSIGNATION des communes.	MODE D'EXTRACTION DES JUS	DÉFÉCATION ET ÉPURATION.	NOMBRE DE FILTRES	ÉVAPORATION DES JUS.	CUITE DES SIROPS.	ÉPURATION DES MASSES CUITES, SUCRES IMPARFAITS, SIROPS ET MÉLASSES.
Totaux						

2ᵉ CADRE.

RENSEIGNEMENTS SUR LES ÉTABLISSEMENTS SPÉCIAUX EXERCÉS OÙ L'ON EXTRAIT LE SUCRE DES MÉLASSES.

DÉSIGNATION des ÉTABLISSEMENTS.	PROCÉDÉS EMPLOYÉS.				QUANTITÉS de mélasses travaillées.			QUANTITÉS DE SUCRE expédiées pendant la campagne.		QUANTITÉS DE MÉLASSES réexpédiées.	
					Mélasses ordinaires.	Mélasses préalablement osmosées.	Mélasses d'exosmose.	Poids effectif	Exprimées en sucre raffiné.	Poids effectif.	Exprimées en sucre raffiné.
1	2	3	4	5	6	7	8	9	10	11	12
TOTAUX..........											

(1) Contrôleur ou chef de service.
(2) Inspecteur ou sous-directeur.

CERTIFIÉ par le (1) soussigné.

A , le 19 .

VU :

Le Directeur,

VU et VÉRIFIÉ :

L (2)

INSTRUCTION.

1ᵉʳ cadre. — Dans les départements où il existe plusieurs fabriques, les chiffres à porter col. 14, 15 et 16 de la ligne « Totaux pour l'ensemble des fabriques... » sont obtenus en multipliant les nombres inscrits par usine, col. 11, 12 et 13, par le salaire moyen d'une journée (col. 14, 15 ou 16).

Les totaux fournis par l'addition de ces produits partiels sont ensuite respectivement divisés par les chiffres des col. 11, 12 ou 13. (Totaux pour l'ensemble des fabriques.)

EXEMPLE :

1ʳᵉ usine, col. 11... 18,980... col. 14... 3ᶠ 75ᶜ
2ᵉ — — ... 9,480... — ... 3 75
3ᵉ — — ... 28,566... — ... 3 50

TOTAUX...... 57,026 journées.

Opérations à faire :

18,980 × 3.75 = 71,175
9,480 × 3.75 = 35,550
28,566 × 3.50 = 99,981
57,026   206,706 : 57,026 = 3ᶠ 62ᶜ,

à inscrire col. 14 de la ligne « Totaux pour l'ensemble des fabriques ».

On procédera d'une manière analogue pour déterminer le prix moyen des betteraves (col. 20), des pulpes (col. 24) et du charbon (col. 26).

DIRECTION GÉNÉRALE

DES CONTRIBUTIONS INDIRECTES.

TABLEAU de la production et du mouvement des sucres indigènes depuis le 190 jusqu'à la fin du mois d 190 ,

---

DIRECTION GÉNÉRALE DES CONTRIBUTIONS INDIRECTES.

TABLEAU DE LA PRODUCTION ET DU MOUVEMENT DES SUCRES INDIGÈNES

DEPUIS LE 1er SEPTEMBRE JUSQU'À LA FIN DU MOIS D

I. — FABRIQUES.

ÉPARTEMENTS.	NOMBRE DE FABRIQUES			VOLUME DES JUS soumis à la défécation.	DENSITÉ MOYENNE des jus soumis à la défécation.	NOMBRE de DEGRÉS-HECTOLITRES au rendement de 1,500 gram.s.		CHARGES EXPRIMÉES EN SUCRE RAFFINÉ.				DÉCHARGES EXPRIMÉES EN SUCRE RAFFINÉ.										RESTES EN FABRIQUE.	
	qui n'ont pas travaillé ou qui n'ont travaillé que des sucres provenant de reprises ou d'entrées.	dans lesquelles les travaux de défécation sont en cours d'activité.	dans lesquelles les travaux de défécation sont terminés.					Reprises et entrées de toute nature.	Charges correspondant au rendement légal, à raison de 15,000 gr. par hectolitre et par degré de densité des jus soumis à la défécation.	Excédents constatés.	TOTAL des charges.	QUANTITÉS EXPÉDIÉES DES FABRIQUES. Sucres bruts titrant moins de 98°.	Sucres bruts titrant 98°.	Sucres bruts titrant 99°.	Quantités exprimées en sucre raffiné.	À l'état de raffiné.	Sucres candis exprimés en raffiné.	Total général des expéditions en sucre raffiné. (Col. 16 à 18.)	DÉCHARGES auxquelles ont donné lieu les expéditions de mélasses à toutes destinations.	PERTES matérielles et autres décharges.	TOTAL général des décharges exprimées en sucre raffiné.	Sucres achevés.	PRODUITS en cours de fabrication.
1	2	3	4	5	5 bis.	5 ter.		6	7	8	9	10	11	12	13	14	15	16	17	18	19	20	21
				hect.		d.-h.	d.-l.	kil.	kil.	kil.	kil.	kil.	kil.	kil.	kil.	kil.	kil.	kil.	kil.	kil.	kil.	kil.	kil.
TOTAUX.																							
ésultats de l'époque correspondante de . .																							
AUGMENTATION . . .																							
DIMINUTION.																							

II. — ENTREPÔTS.

DÉSIGNATION des ENTREPÔTS. 1	CHARGES. (Reprises, entrées et boni de magasin.) 2	DÉCHARGES. (Expéditions, déchets et avaries.) 3	RESTES en entrepôt (exprimés en sucre raffiné). 4	DÉSIGNATION des ENTREPÔTS. 1	CHARGES. (Reprises, entrées et boni de magasin.) 2	DÉCHARGES. (Expéditions, déchets et avaries.) 3	RESTES en entrepôt (exprimés en sucre raffiné). 4
	kilogr.	kilogr.	kilogr.		kilogr.	kilogr.	kilogr.
				Report........			
				TOTAUX........			
				Résultats de l'époque correspondante de 190 -190			
				AUGMENTATION...			
À reporter......				DIMINUTION.....			

III. — TABLEAU RÉCAPITULATIF DE LA PRODUCTION ET DU MOUVEMENT DES SUCRES INDIGÈNES.

	KILOGRAMMES.
Ressources générales.	
1° Reprises.	
1 Dans les fabriques................	
2 Dans les entrepôts................	
2° Entrées de sucres libérés d'impôt.	
3 Dans les fabriques................	
3 *bis* Dans les entrepôts (sucres ayant donné lieu à la délivrance de certificats n° 7)................	
3° Production.	
4 Prise en charge légale............	
5 Excédents (déduction faite des manquants)................	
6 TOTAL............	
Mouvement des sucres.	
1° Acquittements pour la consommation.	
7 Dans les fabriques................	
8 Dans les entrepôts................	
9 En cours de transport............	
10 TOTAL............	
11 2° *Expédition des fabriques de sucres libérés d'impôt*............	
3° Admission temporaire.	
12 Déclarations, dans les fabriques....	
13 Déclarations, dans les entrepôts....	
14 Déclarations, en cours de transport..	
15 TOTAL............	
16 4° *Expédition par cabotage.* — Sous le lien d'acquits de douanes, sur les ports de l'Atlantique ou de la Méditerranée	
17 5° *Expédition en suspension du payement du droit sur les établissements visés à l'article 4 de la loi du 28 janvier 1903.* (Fabrication de produits sucrés en vue de l'exportation.)................	
18 6° *Exportation en suspension du payement du droit*................	
7° Sucres des mélasses.	
19 Soumis aux droits................	
20 Dont il a été donné décharge, sans payement du droit............	
21 TOTAL............	
22 8° *Montant des pertes matérielles et autres décharges*............	
23 TOTAL du mouvement des sucres (lignes 10, 11, 15, 16, 17, 18, 21 et 22)................	
Stocks.	
24 En fabrique. Sucres achevés........	
25 En fabrique. Produits en cours de fabrication.........	
26 En entrepôt................	
27 TOTAL............	
Balance	
28 TOTAL du mouvement et du stock (lignes 23 et 27)............	
29 REPORT des ressources générales (ligne 6)................	
30 DIFFÉRENCE entre les lignes 28 et 29.	
[Cette différence représente les quantités en cours de transport à la fin du mois ainsi que celles dont la destination définitive n'est pas encore classée dans les écritures des Contributions indirectes.]	

www.ingramcontent.com/pod-product-compliance
Ingram Content Group UK Ltd.
Pitfield, Milton Keynes, MK11 3LW, UK
UKHW020310230726
13925UKWH00001B/325

9 782013 684026